일머리 문해력

일머리 문해력

문해력은 어떻게 당신의 무기가 되는가?

송숙희 지음

교보문고

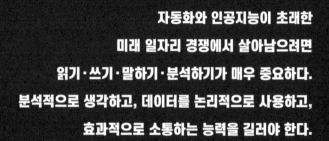

자동화와 인공지능이 초래한
미래 일자리 경쟁에서 살아남으려면
읽기·쓰기·말하기·분석하기가 매우 중요하다.
분석적으로 생각하고, 데이터를 논리적으로 사용하고,
효과적으로 소통하는 능력을 길러야 한다.

데이비드 오터David H. Autor

미국 매사추세츠공대(MIT) 경제학과 교수

하버드식 살아가는 힘, 읽고 생각하고 쓰기

업무에서 우수한 성과를 내는 이에게
두드러지는 것이 언어 능력이다.
그래서 기업들이 지원자의 언어 실력을 최대한 명확하게 측정해서
그 사람의 미래가치를 판단하려 한다.

토머스 리처드 Thomas Richard

하버드 대학생에게 자기소개서 쓰는 법을 가르친 글쓰기 코치

● 문해력이 요즘 화젯거리입니다. 디지털 네이티브 세대의 문해력 저하는 교육 분야의 화두였는데 '심심한 사과'로 인해 성인들의 성취와 성과를 방해하는 차원의 심각한 문제로 커졌습니다. '사흘'이 4일인 줄 알거나 점심을 뜻하는 '중식'을 중국음식이라고 여기는 것은 우스갯소리로 흘려넘길 수 있어도, 진짜 심각한 문제가 따로 있습니다. 같은 글을 읽어도 다르게 판단하고 핵심을 파악하지 못하며, 설사 제대로 이해했다고 하더라도 똑 부러지게 표현하지 못합니다. 그러다 보니 대화 한마디 한마디가 어긋나면서 생기는 문제입니다. 이런 일이 일터에서 벌어진다면 결과가 어떨까요.

업무에서 성과를 내는 사람들은 문제해결에 탁월합니다. 그런데 문제를 해결하려면 문제를 파악하고 이것을 의논하고 정보와 지식을 버무린 뒤 그 속에서 창조적 사고를 통해 해결책을 찾아내야 합니다. 이 과정의 바탕이 되는 것이 문해력입니다. 문해력은 단순한 트렌드를 넘어선 사회인으로서, 아니 인간으로서 갖춰야 할 재능입니다.

문해력을 이야기하려면 400년에 가까운 역사를 자랑하는 명문 하버드 대학교 이야기를 빠뜨릴 수 없습니다. 제가 '하버드'라는 세계 지성의 상징을 만난 것은 아이가 중학교에 입학한 즈음입니다. 부모로서 아이에게 딱 하나를 가르쳐야 한다면 그게 뭘까, 골몰히 생각했습니다. 그 탐색의 여정에서 하버드 대학교가 세계적인 리더를 배출하는 최고 브랜드로 자리 잡은 이유가 읽고 쓰고 생각하는 교육에 집중한 덕분임을 깨달았습니다. 곧바로 읽기와 생각하기의 상위기술인 글쓰기를 아이가 매일 하도록 유도하며 하버드 교육 방식을 흉내 냈습니다. 그 여정에서 문해력 향상에 초점을 맞춘, 하버드대가 매진한 그들만의 교육 방향과 방식에 매료되었고 '하버드대 학생처럼 읽고 생각하고 쓰기 능력을 기르는 방법'에 저 또한 집착했습니다. 그 결과물로 《읽고 생각하고 쓰다》를 출간했습니다. 2010년에 출간된 이 책은 지금도 중고서점에서 정가의 3배가 넘는 가격으로 거래되기도 합니다. 책 출간을 계기로 기업과 기관의 글쓰기 교육 요청이 크게 늘었는데, 크고 작은 기회를 통해 하버드 방식, 즉 읽고 쓰고 생각하기 노하우를 보급했고, 그 과정에서 읽고 생각하고 쓰는 기본 능력이 사람들 대다수의 일과 삶에 어떠한 영향을 미치는지 목격했습니다. 이러한 일련의 연구와 경험을 토대로 '하버드 방식'의 정점인 글쓰기 노하우를 정리해 《150년 하버드 글쓰기 비법》을 출간했습니다(2018년). 이 책이 글쓰기 책이라는 울타리를 가뿐하게 뛰어넘어 급속도로 대중 속으로 파고드는 것을 지켜보며 '하버드 방식'의 가치를 다시 확인했습니다.

그리고 찾아온 코로나19 팬데믹. 순식간에 디지털 대전환이 일어나며 머리만 출근하는 새로운 표준이 자리 잡았습니다. '디지털'이라는 말조차 필요 없는 시대. 새로운 표준은 디지털 시대에 최적화된 새로운 '일머리'를 요구합니다. 하버드를 비롯한 세계의 명문대들이 왜 그렇게 읽기를 가르치며 비판적으로 생각할 것을 강조했는지 알았다고 생각했지만, 코로나19로 인해 비로소 제대로 파악했습니다. 결국 디지털 시대야말로 문해력이 가장 중요한 시대라는 사실입니다. 일과 삶의 터전이 디지털로 옮겨가면서 차고 넘치는 정보에 분별력 있게 접근하고 사용해 성과를 내는 메타 문해력metaliteracy이 기업과 개인에게 요구되는 생존능력임을 발견한 것입니다. 메타 문해력이란 정보에 휘둘리지 않고 주의 깊게 읽으며, 비판적으로 생각하고, 배려 깊게 쓰는 능력을 말합니다.

유발 하라리Yuval Harari는 자신의 저서 《21세기를 위한 21가지 제언》에서 19세기 마부와 말의 예를 들며, 시대가 변하자 마부는 택시기사로 전환할 수 있었지만, 말은 고용시장에서 점점 밀려나 완전히 퇴출당했다고 전합니다. 그러면서 인공지능artificial intelligence, AI 시대를 예측합니다. 인공지능이 인간지능을 추월하면 못 하는 것이 없을 테지만, 읽으면서 요긴한 정보를 분별해 입수하고 창의적이며 주도적으로 의미를 만드는 능력, 즉 생각을 정리해 쓰는 능력만큼은 인공지능도 불가능할 것이라고 말합니다.

저는 하라리의 이 말에 100퍼센트 공감합니다. 기술이 얼마나 발전하든, 그 자체는 목표가 아닙니다. 기술은 일과 삶의 문제를 해결하는 도구일 뿐이지요. 지식사회를 움직이는 궁극의 열쇠는 그러한 기술을 사용해 문제를 해결하는 아이디어와 그 아이디어 실현에 기여하는 소통 수단인 워드word의 문제로 귀결됩니다. 아이디어를 만들고 소통하는 워드는 메타 문해력을 바탕으로 작동합니다.

이 책은 디지털 시대의 결정타로 작용하는 문해력의 교과서입니다.

회사 안팎에서 인정받는 사람들의 비밀병기, 일머리 문해력을 키우고 발휘하는 법을 안내합니다. 이 책은 "인터넷처럼 세상을 바꿀 가장 중요한 혁신"이라고 마이크로소프트Microsoft, MS 창업자 빌 게이츠Bill Gates가 말한 챗GPT가 일으킨 인공지능 돌풍의 시대에, 인공지능을 수족처럼 부려 탁월한 성과를 올리는 비법을 전수합니다. 문해력을 구성하는 세 가지 힘 '읽는 힘, 생각하는 힘, 쓰는 힘'의 향상을 돕습니다. 일하는 현장에서 문해력 결핍이 낳은 심각한 증상을 20년 동안 해결해오면서 검증한 솔루션을 제공합니다. 35년째 읽고 생각하고 쓰는 일로 먹고살아 온 저만의 비결도 정리해 담았습니다.

이 책은 10년 후에도 일할, 아니 그 뒤에도 자신의 가치를 높게 인정받으며 일하고 싶은 여러분에게 길잡이가 되고자 합니다. 이 책으로 읽는 힘, 생각하는 힘, 쓰는 힘을 레벨업하세요. 메타 문해력을 장착해서 누구도 넘볼 수 없는 차이, 일머리 초격차를 만드세요.

이 책을 20대부터 60대까지, 다양한 세대가 어우러져 일해야 하는 회사에 속하는 당신에게 드립니다. 소통은 업무를 잘하기 위한 방편만이 아니라, 모든 업무의 바탕입니다. 혼자서 다 하는 일은 있을 수 없고, 소통 없이 일을 잘할 수 없으니까요. 이렇게 중요한 소통력도 문해력으로 해결할 수 있으며, 이를 통해 각자의 업무 역량을 최고치로 끌어내 성과를 얻을 수 있습니다.

이 책을 회사 밖에서 분투하는 당신에게 드립니다. 메타 문해력이라는 운영체제를 머릿속에 깔고 탁월한 일머리를 발휘하세요. 시장과 고객이 반하는 글을 쓰고 콘텐츠를 만들어보세요. 그러면 비용 1원도

들이지 않고 SNS로, 메신저로, 이메일로 마케팅하며 일과 사업을 운영할 수 있으니까요.

이 책을 하버드식 글쓰기 수업을 함께해온 독자들에게 드립니다. '넘버 원 글쓰기 코치' '국민 글쓰기 교과서 작가'라는 닉네임에 묻혀 '글쓰기'라는 말에 갇혀, 읽고 생각하기를 충분히 다룰 수 없었던 것에 늘 미안했습니다. 읽는 힘에서 생각하는 힘, 쓰는 힘까지 한 권으로 망라한 이 책으로 마음을 전합니다.

글 한 편도 세상에 나와 많은 사람들에게 읽힐 때는 에디터의 도움 없이 불가능합니다. 책은 저자의 머릿속 아이디어가 문장으로 표현되는 순간, 수많은 전문가의 협업으로 만들어집니다. 책을 쓰거나 쓰게 하는 일을 하는 저는 잘 만들어진 책은 담당 편집자의 공이 절반이라 믿습니다. 이 책이 쉽게 잘 읽힌다면 그리하여 당신의 삶이 하버드식으로 펼쳐진다면 《읽고 생각하고 쓰다》를 함께 만들고 《일머리 문해력》의 싹수부터 알아보고 반기고 함께해준 교보문고 출판 관계자들의 밝은 눈 덕분입니다. 큰 감사 드립니다.

송숙희 드림

part 1 메타 문해력
디지털 시대 일머리

part 2 딥 리딩
주의 깊게 읽고 이해하는 힘

part 3 딥 씽킹
사려 깊게 생각하고 문제를 해결하는 힘

part 4 딥 라이팅
배려 깊게 쓰고 전해 의도한 영향력을 미치는 힘

part 5 읽고 생각하고 쓰는 힘
실전 메타 문해력 키우기

Metaliteracy

part 1

메타 문해력

디지털 시대 일머리

메타 문해력이란 정보의 편향성과 신뢰
성을 평가하고 지식의 생산과 공유의 맥
락에서 정보를 적용하는 능력을 말한다.

토머스 P. 맥키 Thomas P. Mackie
트루디 E. 제이콥슨 Trudy E. Jacobson

건강하게 오래 사는 고소득자의
의외의 공통점

네이버naver나 구글Google 검색창에 '문해력'을 입력하면 책 읽기, 어휘력, 국어 실력 같은 연관검색어가 뜬다. 검색엔진은 조회 수가 많은 글부터 상위에 올려주는데, 상위에 오른 문해력 관련 검색 결과를 보면 '문해력은 어휘력이며 어휘력이 달리면 사회생활이 곤란하다'는 내용일색이다. 물론 적절하게 어휘를 구사하는 능력은 학업과 직장생활, 일상에서 중요한 부분이다. 하지만 '문해력'은 그 정도의 비중으로 이해하기에는 너무 큰 의미와 가치를 지닌다. 머리를 써야 먹고 살 수 있는 4차 산업혁명 시대에, 문해력은 일머리를 구동하는 엔진이기 때문이다.

　누구에게나 먹고사는 문제는 중요하다. 그러려면 경쟁해야 하고, 경쟁에서 이기는 사람이 많은 것을 가져간다. 지금처럼 머리로 일하는 시대에는 어떤 능력이 경쟁력을 높여줄까? OECDOrganization for Economic Cooperation and Development, 경제협력개발기구에서 이런 문제의식을 가지고 '성인 경쟁력에 대한 국제조사Programme for the International Assessment of Adult Competences, PIAAC'를 실시했다. 이 조사는 OECD 회원국 24개국의 16~65세, 16만 6,000명을 대상으로 문해력이 삶에 미치는 영향력을 심층적으로 분석하고 연구했다. 조사 항목은 문해력, 수리력, 컴퓨터를 사용한 기술적 문제해결 능력 세 분야로, 이 세 가지가 일하는 사람의 경쟁력을 좌우한다는 전제가 눈길을 끌었다.

OECD가 내놓은 결과는 다음과 같다.

1. 문해력, 수리력, 컴퓨터를 사용한 기술적 문제해결 능력, 이 세 분야의 상관성이 강하다.
2. 문해력이 다른 두 능력을 좌우한다.
3. 문해력이 좋으면 수학적 두뇌도 좋고 기술적 문제해결 능력도 뛰어나다.

OECD는 문해력을 '문장을 이해하고 평가하고 사용함으로써, 사회생활에 참여하고 자신의 목표를 이루며 자신의 지식과 잠재력을 발전시킬 수 있는 능력'이라고 정의했다. 또한 문해력이 정보기술 위주의 디지털 환경에서 취업, 소득, 건강, 심리 등에 큰 영향을 끼친다고 결론을 내렸다.

문해력이 삶의 질을 좌우한다

OECD가 조사한 결과를 분석한 자료에 따르면[1] 문해력이 높을수록 소득이 높고, 낮을수록 소득도 낮았다. 문해력 상급자의 소득이 하급자보다 61퍼센트나 많은 것으로 나타났다. 심지어 문해력은 건강한 삶에도 밀접하게 작용해 문해력이 높은 사람일수록 건강 상태가 좋고 낮을수록 상대적으로 나쁜 것으로 드러났다. 우리나라는 문해력과 소득의 상관관계가 특히 높은 것으로 나타났는데, 문해력이 높을수록 취업률도 높았다. 이 조사에서 한국의 종합성적은 문해력에서 국제 평균치보다 낮은 10등, 수리력 역시 평균치보다 낮은 15등, 문제해결 능력에서는 평균치와 같은 점수로 7등이었다. 종합적으로는 평균 이하의 성적이다. 높은 수준의 문장력과 어휘력을 발휘하는 문해력 상급자의 비율이 거의 꼴찌로 1,000명 중에 두 명꼴이었다.

OECD가 이 조사를 한 시기는 2012년이다. 당시 스마트폰의 보급률은 약 60퍼센트 수준으로, 지금처럼 대중화되기 전이다. SNS가 우리 일상을 점령하기 전의 일인 만큼, 우리가 받은 '평균 이하'라는 문해력 성적은 이마저도 후하다고 봐야 한다. 나는 이 수치들을 보며 문해력을 키우면 문제해결 능력인 일머리를 높일 수 있다고 확신했다. 실제로 기업의 요청을 받아 개설한 글쓰기 연수에서 만나는 핵심 인재, 즉 일머리가 뛰어난 고성과자들은 반드시 문제해결 능력이 뛰어나고 문해력도 뛰어났다. 그래서 나는 문해력이 일하는 데 필요한 결정적인 역량이라고 단언한다. 우리가 살아가는 이 시대가 지식정보사회라 더욱 그러하다.

　그래서 문해력을 일머리와 결합했다. 이 책은 코로나19 팬데믹 이후 모든 것이 새롭게 재편된 사회에서 새롭게 요구되는 일 잘하는 머리, 일머리 향상 기술을 다룬다. 디지털 시대의 상징인 메타버스 시대가 요구하는 메타 역량으로서 메타 문해력을 다룬다.

정보가 넘칠 때는
집중력이 최곳값

여러분이 어디서 어떻게 무엇을 하든, 세상의 일들은 말과 글로 작동한다. 일머리는 말과 글을 다루어 원하는 것을 얻는 능력으로, 메타 문해력에 기초한다. 머리로 일하는 시대에 읽고 쓰고 생각하는 힘, 문해력이 취약하면 일머리가 작동하지 않는다. 미숙하고 논리적이지 못한 결과, 맡은 일을 해내지 못하는 무능함의 증거가 된다. '일머리 문해력'이 여러분을 이런 위험에서 구해줄 수 있다.

좀 더 실용적으로 접근하자면, 첨단기술이 지배하는 디지털 시대에 읽고 생각하고 쓰기라는 기초 중의 기초인 능력, 문해력이 이토록 중요해진 것은 '읽고 쓰는 능력'이라는 사전적 의미를 넘어, 일머리가 작동하게 만드는 두뇌의 운영체제operating system, OS이기 때문이다. 우리 두뇌는 컴퓨터의 하드웨어와 같아서 사용하기에 따라 성과의 차이가 엄청나다. 두뇌가 과제를 수행하고 문제를 해결하는 의미 있는 일을 하도록 이 하드웨어를 작동하게 하려면 입력-처리-출력 프로세스로 가동되는 소프트웨어를 깔아야 한다. 읽기-생각하기-쓰기 프로세스로 가동되는 문해력이 바로 일머리 소프트웨어다.

일머리를 키워주는 디지털 시대 문해력

문해력은 4차 산업혁명, 웹3.0 등의 이름으로 디지털화된 지식사회에서 요구하는 '머리로 일하는 힘', 일머리를 키워준다. 글로벌 기업들이 어마어마한 조건으로 인재들을 입도선매하는 것도 지식사회에서는 조직의 사활이 구성원 개인의 일머리에 달렸기 때문이다. 기업뿐 아니라 조직, 소상공인, 개인에게까지 먹고사는 일에는 일머리가 필요하고, 이는 읽고 생각하고 쓰기라는 프로세스로 가동되는 문해력으로 작동한다.

구글, 애플Apple, 아마존Amazon, 페이스북Facebook··· 지식 기반 기업들은 전에 없이 구성원의 생산성 관리에 철저하다. 기업의 사활이 구성원 개인의 머리 쓰기에 걸린 만큼, 디지털 환경으로 인해 가중되는 집중력 장애는 지적 생산성을 크게 떨어뜨리기 때문이다. 지식과 정보가 귀할 때는 이것들이 희소자원이다. 하지만 지금처럼 차고 넘치면 오히려 인간의 주의력이 희소자원이다.[2] 메타 문해력을 갖췄다는 것은 그 희소자원으로 독자를 집중하게 만드는 글을 쓸 줄 알며, 분별력 있게 글을 읽고 조리 있게 생각하는 능력을 갖췄다는 증거다. 세계 최고 부자들이 집착하는 한 가지 또한 문해력이다. 부를 만들고 유지하고 키우기 위해 그들의 하는 일의 대부분은 생각하는 것이다. 돈이 되는 생각을 하려면 잘 읽어야 하고 글쓰기로 생각을 구체화, 명확화는 문해력을 가동한다.

이렇듯 문해력은 지식을 사용해 삶을 풍요롭게 만드는 능력이다. 이 힘을 기르기 위해 많은 교양인이 읽고 쓰기에 오랜 시간과 에너지를 바친다. 글로벌 컨설팅기업 맥킨지앤드컴퍼니McKinsey & Company는 현재 가능한 기술로 자동화하기가 가장 어려운 활동으로 인력을 관리하고 개발하는 일과 전문지식을 활용해 의사 결정을 하고 계획하는 창조적인 일을 선정했다. 전문지식을 활용해 창조적인 일을 하는 데는 메타 문해력이라는 엔진이 작동해야 하기 때문이다.

문해력은 삶의 질까지 좌우한다. 세계 최장기 '인생' 연구로 꼽히는 '하버드대 성인 발달 연구'에 따르면 하버드대 출신이 저소득 가정 출신보다 수명이 더 길었는데, 그들이 교육 수준 덕분에 건강 정보를 더 많이 갖고 있었기 때문으로 보인다. 정보를 바탕으로 술이나 약물을 남용하지 않고 비만이 되지 않기 위해 노력한 결과인 것이다. 최근 금융 문해력, 법률 문해력, 기술 문해력 같은 신조어가 주목받는 추세만 보아도 문해력은 일과 삶의 전반에 걸쳐 큰 영향력을 행사한다.

문해력이 바로
문제해결 능력

우리는 이제 머리로 일한다. 직장인이든 의사든 영업사원이든 배관기술자든, 일하는 모든 사람은 일머리가 필요하다. 물론 하는 일에 따라 몸을 쓰고 도구를 이용하고 사람을 상대하지만, 궁극적으로는 머리를 써서 크고 작은 문제를 해결하며 일한다.

　　모든 삶은 문제해결의 과정이다.

　이 문장은 철학자 칼 포퍼Karl Popper가 쓴 책 제목이다. 이 책에서 그는 '모든 생물은 오류를 수정하는 것으로 진보한다'고 강조한다. 살아있는 모든 것은 생존을 방해하는 오류를 수정한 결과라는 것이다. 그의 말마따나 우리는 늘 삶의 발목을 잡는 문제들을 해결하는 데 급급하다. 기업은 고객의 문제를 해소해주는 해결책을 팔아 생존한다. 기업이 원하는 인재도 결국 문제해결 능력을 갖춘 사람일 수밖에 없고,

이 능력이 출중한 사람 위주로 기업에서 살아남는다. 공기업에 취업하려면 국가직무능력표준National Competency Standards, NCS 직업기초능력평가 시험을 봐야 한다. 직장에서 업무를 수행할 능력을 갖추었는가를 평가하는 시험인데, 문제 상황이 발생했을 때 창조적이고 논리적인 사고를 통해 이를 적절하게 해결하는지 평가한다. 그렇다면 문제해결 능력은 어떻게 키울 수 있을까? OECD가 정의한 문해력을 다시 들여다보자.

> 문장을 이해하고 평가하며 사용함으로써, 사회생활에 참여하고 자신의 목표를 이루며 자신의 지식과 잠재력을 발전시킬 수 있는 능력... 문해력이 정보기술 위주의 디지털 환경에서 취업, 소득, 건강, 심리 등에 큰 영향을 끼친다.

이 말을 나는 이렇게 한마디로 정리한다.

> 디지털 시대, 문해력 없이 일머리 없다.

지식사회에서
일머리 좋은 사람이 일하는 법

코로나19 팬데믹 이후 근무방식을 두고 갑론을박이 일어나자 일본의
경영컨설턴트 구스노키 겐楠木建은 이런 말을 한다.

> "재택근무가 가능하다는 것과 일을 잘한다는 것은 별개의 문제다. 업무
> 의 질이 향상되는 것과 디지털 기술을 잘 활용하는 것은 다른 문제다. 오
> 프라인에서 일을 잘하지 못하던 사람이 온라인으로 재택근무 한다고 해
> 서 잘할 리 만무하다. 오프라인에서 유능한 사람이 온라인에서 하루아
> 침에 무능해질 리도 없다."

일을 잘하는 사람은 온라인이든 오프라인이든 환경적인 조건은 상
관없다는 것이다. 오프라인에서 일을 잘해온 사람이라면 온라인에서
일하는 데 요구되는 기술만 배우면 된다. 하지만 오프라인에서 일을
잘하지 못하던 사람은 온라인 기술을 척척 다루는 것만으로 일 잘하

는 사람이 될 수 없다. 어디서 일하든, 중요한 것은 성과를 내는 일머리를 가졌느냐다.

읽고 생각하고 쓰기 루틴으로 일하라

컴퓨터를 사용하려면, 본체라는 하드웨어를 돌리기 위해 윈도 Window나 리눅스Linux 맥OS 같은 소프트웨어가 필요하다. 소프트웨어를 통해 전달된 정보를 받아들인 컴퓨터 하드웨어는 내부의 논리회로를 거쳐 사용자가 원하는 형태의 결과물을 만들어낸다. 이를 IPO 시스템이라고 하는데, 컴퓨터는 소프트웨어를 통해 '인풋input: 입력—프로세싱processing: 처리—아웃풋output: 출력' 과정으로 구동된다.

챗GPT 같은 생성형 인공지능들도 작업 요청을 받아 자료를 수집하고 정리해서 결과를 알려주는 IPO 프로세스를 따른다. 문해력은 의도한 대로 읽고, 생각하고, 쓰는 프로세스로 일머리를 구동하게 만드는 소프트웨어다. 일터를 지배할, 날로 혁신될 인공지능을 자유자재로 다루며 일하려면 인공지능이 작업한 결과물을 읽고 분별하고 판단해서 활용하는 문해력이 필수적으로 요구된다.

일머리 좋은 사람은 컴퓨터처럼 입력한 뒤에 출력물을 만들며 문제를 해결한다. 이러한 루틴, IPO 시스템은 지식이 구동하는 방식이기도 하다. 지식사회에서 일머리란 지적 생산성이 높은 것을 말하는데, 읽기(입력)—생각하기(처리)—쓰기(출력)의 프로세스를 갖춤으로써 비로소 지적 생산성이 높아진다.

일머리 좋은 사람들의 문제해결 루틴: IPO 시스템

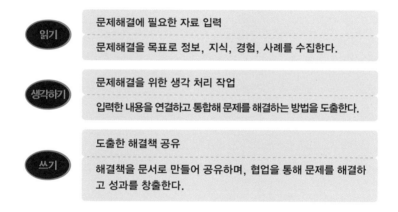

두뇌를 구동하는 소프트웨어인 문해력이 제대로 갖춰져 있다면, 아이디어를 만들고 담아내는 지적 생산성이 높아진다. 그 결과 문제가 생길 때마다 해결하는 데 필요한 정보를 수집하고 분석하고 가공함으로써 의미 있는 아웃풋을 만들어낸다. 지적 생산성이 높으면 무슨 일을 하든 빠르고 정확하고 효율적이며, 그 결과 단시간에 큰 성과를 낸다.

문해력이 사회적으로 큰 관심을 불러일으키면서 문해력을 향상하는 방안으로 다양한 제안이 쏟아졌다. 책을 많이 읽어야 한다, 한자 공부를 해야 한다, 어휘력을 길러야 한다. 독해력을 길러야 한다…. 이런 방법들이 문해력 향상에 도움이 되는 것은 사실이지만, 문해력이 IPO 시스템으로 가동되는 소프트웨어라는 인식을 제대로 하지 못한 채 단편적인 방법들을 얼기설기 엮어내는 것으로는 문해력을 키울 수 없다.

문해력은 읽기만으로, 또는 쓰기만으로 완성되지 않는다. 반드시 읽기와 생각하기, 쓰기가 함께 어우러져야 한다.

디지털 시대,
왜 메타 문해력인가

2021년 5월 코로나19 팬데믹으로 온 세계가 봉쇄된 그때, OECD는 '21세기 독자: 디지털 세상에서 문해력 개발하기'란 보고서를 발표했다. 이 보고서는 코로나19로 인해 일과 일상이 디지털에서 이뤄지는 대전환이 급격히 진행되면서, 디지털 환경에서 다양한 정보를 탐색하고 정보의 질을 평가해 선택 사용하는 문해력이 더욱 중요해졌다는 인식에서 출발한다. 보고서는 한국의 만 15세 학생들이 인터넷 정보에서 '사실과 의견을 식별하는 능력'이 가장 낮은 수준으로 나타났다고 경고했다.

세계 유수의 기업들은 물론 세계경제포럼World Economic Forum, WEF은 디지털 문해력digital literacy을 4차 산업혁명 시대에 요구되는 핵심역량으로 꼽았고, 유네스코UNESCO는 디지털 문해력의 구현 능력이 없을 시 문맹으로 간주하겠다고 엄포를 놓았다.

일하고 놀고 생활하는 터전이 디지털 세계로 옮겨간 지금, 변화를 이해하고 이를 전제로 생각하고 문제를 해결하는 능력이 일머리의 상징이 되었다. 그렇다면 문해력도 디지털 시대에 적용 가능한 새로운 버전이 필요하다.

디지털 시대, 일머리 작동엔진 메타 문해력

내가 사용하는 데스크톱 컴퓨터에 깔린 운영체제 소프트웨어는 12차례나 업데이트되었고, 스마트폰의 운영체제는 16차례 업데이트되었다. 컴퓨터 운영체제가 자주 업데이트되듯 일머리 소프트웨어인 문해력도 시대적 흐름이나 필요에 따라, 또 오류를 수정하여 업데이트하는 게 바람직하다.

여러분이 머릿속에 문해력 소프트웨어를 이미 깔았다고 할지라도 코로나 펜데믹 이전의 버전이다. 이 때문에 오류가 자주 발생한다. 코로나 팬데믹 이후 디지털 대전환이 일어난 만큼 일머리 또한 업데이트되어야 한다. 이 소프트웨어의 이름이 바로 메타 문해력이다.

메타 문해력은 미국 교육계에서 토머스 P. 맥키, 트루디 E. 제이컵슨이 주도하는 캠페인에서 다루는 개념이다. 이들은 '정보의 편향과 신뢰성을 평가하고 지식의 생산과 공유의 맥락에서 정보를 적용하는 능력'을 메타 문해력이라고 정의한다.

이 책에서 다루는 문해력 역시 메타 문해력이다. 내가 정의하는 문해력은 '글과 말을 다루어 원하는 것을 얻는 능력'이며, 메타 문해력은 여기에 정보를 분별하는 능력을 더한 개념이다. 즉 입력-처리-출력하는 프로세스를 가동해 문제를 해결할 때, 입력할 정보가 진짜인지 아닌지를 가려내며 디지털 매체의 알고리즘을 이해하는 정보감지력, 정보의 가치를 알아보는 가치분별력, 해당 정보에 관해 내가 아는지 모르는지 파악하는 인지성찰력을 포함한다.

> "메타 문해력이란 정보의 편향성과 신뢰성을 평가하고 지식의 생산과
> 공유의 맥락에서 정보를 적용하는 능력을 말한다."
> — 토머스 P. 맥키, 트루디 E. 제이컵슨

> "메타 문해력이란 '글과 말을 다루어 원하는 것을 얻는 능력'인 문해력
> 에 정보 분별 능력을 더한 개념. 최상의 성과를 내서 디지털 시대 최고의
> 인재로 평가받는, 일머리 좋은 사람들의 핵심 능력이다."
> — 메타 문해력 코치, 송숙희

문해력 + 정보분별력 = 메타 문해력

유니버스universe는 '현실세계'라는 의미를 담고 있고, '메타meta'는 '초월'이라는 뜻의 접두어이므로, '메타버스'는 '현실과 강력하게 연결된 디지털 구현 가상세계'를 뜻한다. 메타 문해력이란 메타버스 시대에 유용한 문해력을 뜻하기도 한다. 온갖 정보가 넘쳐나는 시대, 가짜 뉴스가 진짜 뉴스를 갈아치우는, 이른바 탈진실의 시대에 반드시 요구되는

능력으로 분별력 있고 균형 잡힌 자세로 지식을 대하며 문제를 해결하는 능력을 말한다.

메타 문해력의 핵심인 분별하는 힘은 정보를 대하는 방식으로, 정보와 지식을 가리고 걸러내며 판단하는 능력이다. 합리적인 의심을 갖고 두루 살펴 생각하는 비판적 사고와 우리가 다루는 정보와 지식을 우리가 실제로 아는지 모르는지를 판단하는 메타인지 능력을 갖춰야 가능하다. 분별하는 힘은 그 외에도 출처와 제작자와 의도를 간파하는 힘이며, 많은 것 가운데 가장 적절한 것을 골라낼 수 있고, 옳고 그른 것을 가려내 편향 없이, 편견 없이, 치우침 없이, 지나침 없이 정보를 활용하는 자세를 말한다.

일본의 인공지능 전문가 아라이 노리코新井紀子는 인공지능이 사람과 비교해 문해력이 떨어지기 때문에 인간의 창의적인 능력을 넘어서지 못한다고 말한다. 메타 문해력은 거침없이 진격해 인간세계를 넘보는 인공지능으로부터 우리를 지켜내는 방화벽이다.

읽기나 쓰기만으로는
문해력이 늘지 않는다

세계 최대 담배 기업 BAT British American Tobacco: 브리티시 아메리칸 토바코의 영국 본사에서 일하는 김혜인 최고인사책임자. 최고의 인재만을 골라 내는 안목을 가졌을 그의 눈에 드는 사람은 어떤 이들일까?

> "무엇을 맡겨도 스스로 해결 방법을 찾는 인재들이야말로 결국 큰 역할
> 과 성취를 얻는다."

매일 새로운 정보가 쏟아지고 신기술이 업데이트되는 시대, 잠깐 만 한눈팔아도 뒤처지는 시대에 세상을 읽으려면 눈도 깜빡하지 말고 24시간 안테나를 켜고 있어야 할까? 하지만 사람의 뇌가 담고 기억할 수 있는 정보에는 한계가 있다. 엄청나게 많은 정보와 기술을 살펴보 고 판단해서, 지금 이 순간에 내가 가진 문제를 해결하는 데 쓸모있는 정보인지 아닌지, 가짜 정보인지 아닌지 판단하고 내 것으로 받아들일

수 있는 능력이 필요하다. 내일 전혀 새로운 정보가 나오더라도 당황하지 않고 적용해 내 정보로 만드는 능력 이것이 메타 문해력이다.

이제, 디지털 시대 한복판에서 무슨 일을 하든 의도한 대로 최상의 성과를 내며 일머리 좋은 사람으로 평가받는 핵심 능력, 메타 문해력을 향상하는 방법을 안내한다.

일머리를 구동하는 메타 문해력은 읽는 능력, 생각하는 능력, 쓰는 능력으로 구성되며, 이 각각의 능력은 '분별하는 힘' 안에서 발휘된다. 메타 문해력을 향상하는 데 필요한 세 가지 힘; 주의 깊게 읽으며 이해하는 힘(deep reading), 사려 깊게 생각하는 힘(deep thinking), 배려 깊게 쓰고 전하는 힘(deep writing)을 기르는데 필요한 핵심 방법들을 추려 모아 제시한다. 여기에 '메타 문해력을 기르는 3D 솔루션'이라는 이름을 붙였다.

메타 문해력을 기르는 3D 솔루션

딥 리딩 deep reading	주의 깊게 읽고 이해하는 힘
딥 씽킹 deep thinking	사려 깊게 생각하고 문제를 해결하는 힘
딥 라이팅 deep writing	배려 깊게 쓰고 전해서 의도한 반응을 끌어내는 힘

메타 문해력을 단련하는 3D 솔루션

"전체는 부분의 합보다 위대하다"고 고대 철학자 아리스토텔레스 Aristoteles가 말했다. 읽는 힘, 생각하는 힘, 쓰는 힘은 누구에게나 중요하며 그 자체로 매우 훌륭한 능력이지만, 메타 문해력 안에서는 컨베이어벨트처럼 서로 맞물려 작동해야 한다. 읽는 힘, 생각하는 힘, 쓰는 힘 어느 하나라도 부족하면 셋 중 어느 힘도 제 기능을 하지 못한다. 읽는 힘, 생각하는 힘, 쓰는 힘을 제각각 능숙하게 다룰 때 비로소 메타 문해력이 발휘된다. 그리고 이때 발휘되는 힘은 셋이 가진 각각의 힘을 합친 것보다 훨씬 거대하다.

메타 문해력 향상을 목표로 한 3D 솔루션은 미국, 유럽 등 교육 선진국에서 수백 년 동안 공들여온 읽고 생각하고 쓰기를 가르치는 방식을 토대로 만든 것이다. 20년 동안 글쓰기 수업에서 직접 테스트해보며 수정 및 보완한 탄탄한 해결책이다.

일하는 현장에서는 대면이든 비대면이든 텍스트로 쓰인 콘텐츠가 요구된다. 중요한 일일수록 텍스트를 기반으로 소통한다. 영상과 이미지 위주의 디지털 매체가 주목받는 시대이지만 이런 콘텐츠들조차 최초에는 텍스트로 기획되고 운영된다. 그러므로 텍스트를 주의 깊게 읽고 이를 토대로 사려 깊게 생각해서 문제를 해결하며 이 과정에서 도출된 아이디어를 누구나 이해할 수 있도록 배려 깊게 쓰고 전하는 힘만 있다면 일머리 탁월한 사람으로 인정받을 수 있다. 3D 솔루션은 이러한 힘인 메타 문해력을 기르게 돕는다.

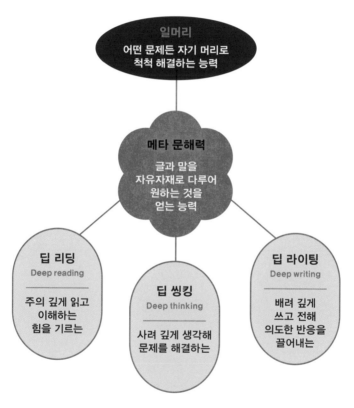

메타 문해력 = 메타 솔루션 3D

● 문해력이란?

문장을 이해하고 평가하며 사용함으로써, 사회생활에 참여하고 자신의 목표를 이루며 자신의 지식과 잠재력을 발전시킬 수 있는 능력 (OECD)

● 문해력을 키우려면?

문해력을 기르기 위해 책을 읽거나 글을 쓰라고 하지만, 이를 각각의 방법으로 인식해서는 문해력이 발달하지 않는다. 잘 읽어서 머릿속에 쌓은 지식이 생각의 재료가 되며, 생각의 재료는 글로 표현함으로써 더 발전한다. 배경이 되는 자료 없이 생각하는 것은 공상이고, 생각 없이 쓰는 것은 낙서일 뿐이다. 읽고 생각하고 쓰는 과정이 유기적으로 연결되어 서로 영향을 주고받아야 비로소 문해력이 만들어진다.

그리고 문해력을 바탕으로 일하는 사람들은 의사소통에 문제가 없고 본질을 꿰뚫어보고 문제를 해결하는 데도 뛰어난 능력을 발휘한다.

deep reading

part 2

딥 리딩

주의 깊게 읽고 이해하는 힘

현대 사회 최고 지성인은 시시각각으로 쏟아지는 고급 정보를 이용해 효과적으로 정리하는 정보 코디네이터다.

제프리 삭스 Jeffrey Sachs

문제가 무엇인지
읽어서 파악하라

경영컨설턴트 제프 콜빈Geoff Colvin. 그는 〈포천Fortune〉이라는 저명한 잡지의 편집장을 역임하며 세계적인 기업의 탁월한 경영자를 수없이 만난다. 그 결과 다음과 같은 공통점을 발견했다.

> "이들은 하나같이 보통 사람들이 인식하지 못하는 것들을 인식하고 멀리 내다볼 줄 알며 순간적으로 많은 것을 파악할 뿐 아니라, 필요한 순간에 적절한 정보를 꺼내서 쓰는 데도 아주 능숙하다."

하는 일마다 유능함을 인정받는 일머리 뛰어난 사람들의 비결은 알고 보면 읽기 실력순이다. 머리로 일하는 지식사회에서는 지식을 읽고, 이해하고, 분석하고, 판단하는 능력이 기본이기 때문이다. 수시로 터져 나오는 복잡하고 모호하며 변덕스러운 문제를 해결하려면 상황을 이해하고 해결에 필요한 자료나 문서에 담긴 의미를 정확히 파악해야 한다. 즉, 문제가 무엇인지 정확히 알아야 한다는 뜻이다. 문제를 모르는데 해결책을 어떻게 찾을 수 있을까?

일단 문제가 무엇인지 파악했다면, 그다음은 해결책의 실마리가 될 자료를 찾아서 읽어야 한다. 문제를 해결할 아이디어를 만들어내려면 관련된 자료와 문서를 보며 상황을 분석하는 것이 기본이다. 또한 문제를 둘러싼 전반적 상황을 파악하려면 전문가들이 만든 연구자료나 책, 정부의 정책자료들도 읽어야 한다. 이런 자료들을 연료 삼아 생각의 엔진을 돌려야 효과적인 해결책을 낼 수 있다.

'읽는 힘'은 내용에 담긴 의도와 의미를 파악하고 그것들이 요구하는 것을 정확하게 이해하는 능력을 말한다. '읽는 힘'은 상사의 지시를 수행하고 부서 간 협업을 수행하는데도 반드시 요구된다. 중요한 일일수록 문서화된 메시지로 소통하기 때문이다. 문서들을 읽고 이해하고 본질을 포착하기 어렵다면 다음 단계로 나아갈 수 없다.

회사를 굴러가게 하는 읽는 힘

SK 디스커버리 부회장 최창원은 '읽는 힘은 회사를 굴러가게 하는 힘'이라고 단언한다.

"회사를 굴러가게 하는 끊임없는 아이디어 창출과 이를 실행으로 옮기는 추진력은 수많은 것을 보고 듣고 읽고 그것을 제대로 이해할 때 비로소 생겨나기 때문이다."

아마존에서 일하는 김태강은 아마존의 경우 직급이 높을수록 읽기 능력이 탁월하다고 증언한다.

"1시간 회의하면 20분 글을 읽고 질문을 받는데 임원들 질문이 너무 날 카로워 베일 것 같다."

읽는 힘은 메타 문해력을 가동하는 시발점이다. 그러므로 해결책을 생각하기 위해 읽어야 하고 또 해결책을 정리하기 위해서도 읽어야 한다. 어떤 종류의 일이든, 의도한 대로 성과를 내려면 계획을 세우고 실행하고 평가하는 단계를 거쳐야 한다. 따라서 '읽기'는 모든 활동의 시작부터 마무리되는 순간까지 반복된다.

메타 문해력을 구성하는 읽는 힘은 읽고 이해하는 데서 나아가 그것을 실전에 활용하는 힘까지 포함한다. 읽기 작업을 통해 많은 것을 입력하고 기억했다가 필요한 순간에 적절하게 활용할 수 있어야 한다. 그러려면 입력한 내용을 다시 자신의 언어로 설명하는 수준까지 되어야 한다.

회사나 조직을 떠나 혼자 일한다고 읽는 힘이 덜 중요한 것은 아니다. 고객의 주문대로 착오 없이 발주하려면, 고객이 올린 민원을 원만히 해결하려면, 이메일로 주고받은 업무대로 제대로 수행하려면 먼저 잘 읽어야 한다. 읽는 힘은 책을 읽거나, SNS 게시물을 읽는 것, 문자 메시지를 읽는 차원을 넘어 디지털 시대, 먹고사는 문제를 좌우하는 첫 단추다.

무엇을 알고 있느냐는
중요하지 않다

'도로보'는 도쿄대학교 입학이 목표인 일본의 수험생이다. 도로보는 6년이나 도쿄대 입시에 매달리지만 결국은 실패하고 도전을 접었다. 비록 도전에는 실패했으나 다섯 번이나 일본 최고의 대학 입시에 도전하며 다져진 그의 실력은 만만치 않다. 일본 고등학교 3학년 상위 20퍼센트에 해당하는 성적이므로, 유명 사립대를 거뜬히 통과할 수준이다. 심지어 교과서와 위키피디아에서 에세이를 검색하고 이를 학습해 써낸 에세이도 학생 대부분이 작성한 것보다 수준이 높았다. 그런데 왜 도로보는 도쿄대 입시에 실패했을까? 이유는 그가 인공지능 수험생이기 때문이다.

도로보의 보호자이자 일본 국립정보학연구소 교수인 아라이 노리코는[3] '로봇은 도쿄대에 들어갈 수 있는가'라는 프로젝트를 이끌었다. 아라이 노리코는 이 프로젝트는 실패한 것이 아니라 오히려 인공지능이 단어의 의미를 이해해 문제를 해결하지 못한다는 중요한 점을 발견했다고 연구 결과를 정리한다. 인공지능이 80퍼센트의 인간 수험생보다 뛰어난 이유는 정보를 더 빠르고 정확하게 인출할 수 있기 때문이지만, 사람처럼 읽고 생각하지 못했기 때문에 도쿄대 입학에 실패했다는 것이다. 인공지능은 키워드를 파악하고 기존 정보로부터 인출한 정보와 문구를 조합해 답을 제시한다. 지식이 암기와 정보 인출을 뜻한다면 인공지능이 사람보다 훨씬 낫다. 하지만 인공지능은 단어와 문장을 읽고 의미를 파악해 내용을 이해하는 힘이 부족하며, 이 차이로 인해 창의적으로 생각하거나 질문하는 범위를 넘어 의미를 찾을 줄 아는 인간의 능력을 뛰어넘지 못한다. 이것이 아라이 노리코의 설명이다. 그의 설명을 이렇게 한마디로 정리해보았다.

  "읽는 힘, 독해력만이 인공지능을 이길 수 있다."

읽는 힘을 발휘하지 못하는 사람은 인공지능에 뒤처진다. 이러한 위험을 경고하며 아라이 교수는 새로운 과학기술의 시대일수록 읽는 힘을 키워야 한다고 주장한다. 창의적으로 문제를 해결하고 혁신적인 아이디어로 기업의 가치를 끌어올리는 능력은 지식을 흡수하고 이해하는 독해력에서 시작한다는 것이다.

  "누구도 만든 적이 없는 신기술을 개발하려면 지금까지와는 다른 논문
  과 이론적 책자를 게걸스럽게 읽어 의미를 이해하고, 이렇게 될 것이라
  는 설계도를 스스로 만들 필요가 있어요." [4]

읽는 힘은 '글을 읽고 그 내용을 이해하고 해석하는 힘'으로 간단히 요약되지만, 메타 문해력을 구성하는 큰 기둥으로써 읽는 힘은 그리 간단치 않다. OECD는 국제학업성취도평가Programme for International Student Assessment, PISA를 진행하며 읽는 힘을 21세기에 필요한 주요한 자질과 능력의 핵심으로 간주하고 다음과 같이 정의한다.

> 스스로 목표를 달성하고 자신의 지식과 가능성을 발전시키며 사회에 참여하기 위해 텍스트를 이해하고 이용하고 평가하고 숙고하고 이에 임하는 것.

PISA 조사에서는 읽는 힘을 정보를 찾아내는 힘, 정보를 이해하는 힘, 정보를 평가하고 숙고하는 힘의 총합이라 정의한다. 다시 말해 차고 넘치는 텍스트 가운데 의미 있는 정보에 접근하고 필요한 정보를 가려내거나 취하는 능력, 내용의 의미를 이해하고 통합하며 추론하는 능력, 정보의 질과 신빙성을 평가하거나 모순을 발견하고 대처하는 힘이 발휘되는 것까지를 포함한다. 정보와 지식이 차고 넘치는 디지털 시대에 요구되는 읽는 힘이다.

읽는 힘이 취약하면 내용을 제대로 빨리 읽고 이해하지 못해서 업무 진행이 더디고, 실수나 잘못이 잦아진다. 그로 인해 의도한 결과를 내기까지 시간이 오래 걸린다. 이 모든 것이 생산성을 좌우하며 지식사회에서 생산성은 읽는 힘과 직결된다. 마음만 먹으면 얼마든지 정보와 지식을 폭식할 수 있는 시대를 살며 아라이 교수의 연구 결과를 읽자니, 토머스 프리드먼Thomas Friedman의 말이 떠오른다.

"무엇을 알고 있느냐는 중요하지 않다. 알고 있는 것으로 무엇을 하느냐
가 중요하다."

읽는 동안 머릿속에서
무슨 일이 일어나는가?

순자산 36억 원 이상 부자들은 대부분 매일 30분 이상씩 책을 읽는다. 부자연구가 토머스 콜리Thomas Corley가 조사한 결과다. '읽는 힘이 돈 버는 힘'이라는 워런 버핏Warren Buffett 버크셔 헤서웨이Berkshire Hathaway 회장은 이런 일침도 잊지 않았다.

"(부자가 되기 위해 책 읽으려는 것은) 모두가 할 수 있는 방법이지만 대부분 하지 않는 방식이다."

대부분 하지 않는데, 이미 부자인 그들은 왜 그토록 열심히 읽을까? 부자들은 책을 통해 성공에 필요한 원리와 원칙을 배우고, 크고 작은 문제를 해결하는 지혜를 배우며, 자고 나면 새로워지는 지식과 현상에 대해 배운다. 심지어 하루아침에 세계 1위 부자 자리를 차지한 일론 머스크Elon Musk는 로켓 만드는 방법도 책으로 배운다. 책 읽기를 권하는 부자들의 권유담은 정말이지 솔깃하다.

> "여러분의 인생을 가장 짧은 시간에 위대하게 해줄 방법으로 인류가 현
> 재까지 발견한 방법 가운데 독서보다 나은 방법은 없다." -워런 버핏

> "책들은 새로운 것을 가르쳐주거나 다르게 생각하는 방법을 알려준다.
> 어떤 방법도 책을 능가하지 못한다." -빌 게이츠

연매출 1조 원대의 사업을 일군 부자 김승호는 부자가 되려면 관점
이 남달라야 한다며 그런 능력은 책을 많이 읽는 데서 나온다고 주장
한다. 그는 공부를 많이 하지 않았는데도 자신이 살아남을 수 있었던
것은 책을 많이 읽어 스스로 생각하는 능력을 키웠기 때문이라고 설명
한다. 그는 지금도 1년에 200권가량을 읽는다. 영국에서 사업하는 켈
리 최Kelly Choi는 "부자들이 쓴 책을 읽고, 부자의 행적을 연구해서 부
자들처럼 생각하고 행동한 결과 빚쟁이에서 영국 400대 부자가 되었
다"고 말했다.

읽기의 성과는 정보가 아닌 읽는 과정 그 자체다

그런데 부자들은 언제 책을 읽을까? 빌 게이츠가 어느 해인가 벌어
들인 돈을 계산하니 '시간당 5억 원'이었다고 한다. 그가 매일 1시간씩

책을 읽는다면 그의 독서는 5억 원짜리다. 문득 궁금해졌다. 세계적인 부자인 그들은 왜 그 비싼 돈을 들여가며 책을 읽을까? 그 일을 전문가에게 시켜 핵심 정리 원고만 받고 그 시간에 더 가치 있는 일을 하는 게 낫지 않을까? 아니, 책 잘 읽는 인공지능을 개발해서 읽게 하면 안 되는 걸까?

그 힌트는 '읽는다'는 말에 있다. 우리는 읽는다고 하면 '무엇을' 읽는가에 먼저 흥미를 갖지만, 읽기에서 중요한 것은 책 속에 든 정보와 지식이 아니다. 읽기는 행위 너머에 우리 정신이 작동하는 그 자체다. 책 속에 어떤 내용이 들어 있든 그것을 읽는 동안 우리 머릿속에서는 다양한 생각이 일어난다. 가만히 돌이켜보자. 여러분이 책을 읽는 동안 어떤 단어 하나, 문장 한 줄, 또는 행간의 의미가 묻혀 있던 생각을 끌어냈을 것이다. 이미 알고 있었지만 무관하던 것들을 연결하며 새로운 것을 떠올리게 했을 것이다. 생각이 생각에 연결되고 다른 생각을 불러내는 식으로 정신이 작동하는 이러한 과정을 남에게 맡길 수 있을까? 있을 수 없는 일이다. 독서를 누군가에게 대신 하도록 할 수 없는 것도 읽기라는 여정이 곧 생각하기라는 선물이기 때문이다. 나를 대신해서 누군가가 책을 읽으면, 그 내용을 정리하고 소감을 곁들여 들려주고 전해줄 수 있겠지만 가장 중요한 여정은 고스란히 읽은 사람의 것이 되고 만다.

읽기는 읽는 이의 기본기에 따라 작동하는 수준이 다르기 때문에, 읽기 여정도 그에 따라 달라진다. 또 읽고 나서 얻는 효과도 당연히 다르다. 책 읽기에서 가장 중요한 것은 한 줄 한 줄 문장을 읽어가는 행위보다 읽는 도중에 드는 생각, 느낌, 지식을 알아차리고 새로운 좋은 생각으로 발전시키는 것이다.

이런 생각은 책을 읽는 사람들을 부자로 만들어주기도 한다. 세계적인 부자들 대다수가 돈을 벌기 위해 가장 많이 하는 일이 '읽기'다. 여러 전문가가 분석한 내용을 종합하면, 부자들은 뇌가 다르다. 그들의 뇌는 대상이나 현상을 정확히 인식하고 본질을 꿰뚫어 보며 통찰하는 기능이 탁월하다고 한다. 그 결과 미래를 예측하는 수준의 사고가 가능하다는 것이다.

해안선이 길면 통찰력의 섬이 크다.

읽는 힘으로 내 정신에 지식체계라는 섬이 만들어지면, 거듭 읽어 섬을 키울수록 해안선도 길어진다. 이것이 통찰의 길이다. 읽기를 다른 이에게 양보한다는 건 생각하기를 양보하고 통찰을 공짜로 건네주는 것이나 다름없다. 그래서 읽는 힘에는 아웃소싱이 없다. 지름길도 없다.

"가만히 앉아서 혼자 멋대로 생각하며 문제를 해결하기보다 다른 사람들이 알아낸 최상의 것을 내 것으로 만들어야 한다."

워런 버핏은 하루 대부분을 읽기에 투자한다. 부자이거나 성공한 사람들이 그 비결로 꼽는 것 중 하나가 읽기지만, 버핏만큼 읽기를 대놓고 강조하는 이도 없다. 많은 사람들이 인용하는 그의 말 한마디, 한마디가 메타 문해력 교과서다. 버핏은 2016년 연례투자보고서를 발표한 후 언론사 CNBC와 가진 인터뷰에서 이런 말을 한다.

> "투자 정보는 넘치고 수많은 전문가가 온갖 정보를 얻어내 투자 조언이라며 공개한다. 그런데 그 정보로 돈을 벌려면 '그 사건 이후'를 내다봐야 한다."

'사건 이후'를 내다보는 힘은 정보를 읽은 뒤에 이해하는 힘이다. 읽는 힘은 '그래서 그다음은?'이라고 질문하고 답을 찾는 과정으로 연결된다. 답을 찾으려면 생각하는 힘을 가동해야 하는데, 읽는 힘이 생각의 시동을 걸어준다.

백 권 읽어도 효과가 없는 사람

부자가 되고 싶다며, 회사와 회사 밖에서 성공하고 싶다며, 자아실현을 하고 싶다며 책에 매달리는 이들이 많다. 1일 1권, 1년에 1,000권 같은 목표를 정해놓고 하는 챌린지 프로젝트에 뛰어드는 사람도 의외로 많다. 읽기 모임에 드나들며 시간과 비용을 투자하는 이들도 적지 않다. '이렇게 책을 읽었다'며 SNS에 인증사진을 공유하는 이들은 또한 지천이다. 책 소개글과 밑줄 친 내용을 일일이 옮기기도 한다. 1만 시간 읽으면 된다고 하더라며 기염을 토하는 이도 많다. 나는 강연 때마다 이런 식의 읽기로는 ' 책 읽기가 주는 선물'을 받을 수 없다며 말린다. 재미 삼아 그저 읽고 마는 것이라면 몰라도 말이다.

전문가들은 의도한 것을 이루려면 신중한 계획이 필요하다고 조언한다. 책 읽기가 의도한 목표를 이루려면 그에 맞는 신중한 계획이 필요할 것이다. 하지만 우리는 그런 신중한 읽기를 하지는 않는 듯하다. 그러면 우리의 읽기는 대체 어떤 효과를 낼까? 나도 모르게 습관 들인 읽기 방식의 효과를 점검해보자.

나는 얼마나 잘 읽을까?

여기서 소개하는 체크리스트는 2013년 미국 켄트주립대학교의 심리학과 교수 존 던로스키John Dunlosky와 그의 동료들이 다양한 학습 방법의 효과를 연구하기 위해 만든 것이다.[5] 같은 방법으로 읽기 스타일을 점검하기에 적합해 '공부한'이라는 단어를 '읽은'으로 바꿔보았다. 이 열 가지 방법은 세 종류로 분류된다.

다음 중 여러분의 읽기 스타일에 해당하는 것에 V표를 해보세요.

- ☐ **방법1**: 읽은 내용 중 요점을 정리해 노트에 적는다.
- ☐ **방법2**: 읽은 내용 중 중요한 부분을 자신에게 설명한다.
- ☐ **방법3**: 읽으며 중요한 부분에 밑줄 긋는다.
- ☐ **방법4**: 읽은 내용 중 사건명이나 연도, 중요한 것은 키워드로 암기한다.
- ☐ **방법5**: 읽다가 잘 모르는 부분을 끝까지 파고든다.
- ☐ **방법6**: 읽은 것을 머릿속에서 선명하게 이미지화한다.
- ☐ **방법7**: 읽은 것과 읽고 정리한 내용을 반복해서 읽는다.
- ☐ **방법8**: 읽은 내용을 이해, 기억하는지 테스트한다.
- ☐ **방법9**: 읽은 것을 시간 두고 다시 읽는다.
- ☐ **방법10**: 읽은 내용과 관련된 다른 책이나 자료를 번갈아 보며 읽는다.

이 10가지 기법은 각각 세 단계의 효과로 분류할 수 있다.

- 효과 최상

효과가 강력하다. 다만 세대와 분야에 따라 효과가 다르거나 과학적 근거가 다르게 나오기도 한다.

방법8: 읽은 내용을 이해, 기억하는지 테스트한다.

방법9: 읽은 것을 시간 두고 다시 읽는다.

- 효과 보통

분야와 세대 막론하고 기억력, 이해력, 응용력 등이 향상한다는 과학적 근거를 보였다.

방법2: 읽은 내용 중 중요한 부분을 자신에게 설명한다.

방법5: 읽다가 잘 모르는 부분을 끝까지 파고든다.

방법10: 읽은 내용과 관련된 다른 책이나 자료를 번갈아 보며 읽는다.

- 효과 미미

나머지 방법들은 효과가 별로다. 과학적 근거가 없거나 효과가 미약하다.

방법1: 읽은 내용 중 요점을 정리해 노트에 적는다.

방법3: 읽으며 중요한 부분에 밑줄 긋는다.

방법4: 읽은 내용 중 사건명이나 연도, 중요한 것은 키워드로 암기한다.

방법6: 읽은 것을 머릿속에서 선명하게 이미지화한다.

방법7: 읽은 것과 읽고 정리한 내용을 반복해서 읽는다.

연구 결과, 가장 흔하게 쓰는 방법들이 효과가 미미한 것으로 드러났다. 책 읽으며 밑줄 긋고 중요하다 싶은 내용을 노트에 정리하거나 배운 것을 이미지화하기는 책 좀 읽는 사람들이면 으레 하는 방법이다.

이 연구를 진행한 던로스키 연구진을 포함한 전문가들이 꼽는 최고의 독서법 두 가지는 '인출하기' 방식이다. 인출하기는 정보를 머리에 입력하는 데 그치지 않고 입력한 것을 정리해서 저장했다가 다시 꺼내서 확인하는 것까지 포함한다. 읽은 것을 자기 것으로 만들어 의도한 효과를 얻는 유일한 방법이다.

읽기 훼방꾼이
너무 많다

요즘 사람들은 책을 읽지 않는다고들 하지만, 우리 대부분은 그 어느 때보다 많이 읽는다. 스마트폰으로 우리는 틈이 날 때마다 기사와 SNS, 웹소설, 웹툰 등을 읽는다. 종이책을 압축해 소개한 유튜브 Youtube 영상을 보고 블로그에 누군가가 세 쪽 분량으로 요약한 '책'도 본다. 그렇다. 언제부턴가 우리는 읽지 않고 본다.

읽기는 정신세계를 돌아가게 하는 그 자체인데도 정작 우리는 읽는 대신 스캐닝하고, 생각하는 대신 검색하고, 표현하는 대신 속기하듯 부호화한다. 그러다 보니 읽기 능력이 파괴된, 총체적 난독증에 시달린다. 읽기는 읽었는데 글이 의미하는 핵심을 이해하지 못하고, 같은 기사를 보고서도 서로 다른 이야기를 한다. 이는 잘못된 읽기 습관이 초래한 결과다. 이 잘못된 습관은 우리 개개인의 잘못이라기보다는 콘텐츠 대부분을 모니터로 읽는 세태의 영향이 크다.

읽기를 방해하는 훼방꾼은 더 있다. 우리는 뭔가에 진득하게 집중하지 못해서 한 번에 8초 이상 주의를 집중하기 힘들어한다. 그러니 짧은 글은 읽어도 8초를 넘어가는 긴 글은 잘 읽지 못한다.

이뿐만 아니라 멀티 태스킹, 스마트폰의 끊임없는 방해로 인한 주의력 결핍증, 배경지식의 부재, 여기에 더해 읽기가 이벤트화된 환경의 문제도 있다. 총체적 난독증은 이런 원인이 복합적으로 작용해서 나타나는 현상이다.

짧은 글, 요약, 숏폼만 읽다 보니

8초의 집중력으로 읽는 책이나 글에서 생각하기가 가능할까? 생각하지 못하면 해결책도 찾을 수 없다. 짧은 내용이나 요약문만 읽다 보면 읽기 능력은 물론 사고력까지 심하게 퇴화한다. 일머리와 점점 멀어지는 것이다. 팝콘이 튀어 오르듯 즉각적인 현상에만 즉각적으로 반응한다. 뇌가 팝콘처럼 변질되면 강렬하고 자극적인 것에만 반응해서 집중력이 떨어지고, 집중력이 떨어지니까 글을 더 읽지 않는 악순환에 빠진다.

그러면 우리나라 사람들의 실제 문해력은 어느 수준일까? 교육방송에서 문해력 프로그램을 제작하면서 20~40대 350명을 대상으로 사전 테스트를 진행했다. 이들 중 85퍼센트가 대학 재학 이상 학력이었으며, 주의 깊게 읽어야 맞힐 수 있는 수준의 문제들이었다. 참여자들의 성적은 평균 40점, 15문제 중 6개를 맞혔다. 절반도 맞히지 못하는 저조한 성적은 앞의 몇 줄만 읽고 섣불리 판단해서 빠르게 결론을 내리는 경향 때문으로 확인되었다. 읽기 점수 낙제에 해당하는 이 성적은 '방송용'이 아니다. 총체적 난독증으로 인해 모니터나 모바일로 대충 읽는 습관이 든 우리 모두의 점수다.

미국 펜실베이니아 주립대학교에서는 1시간 동안 같은 주제에 대해 짧은 글 10개 이상 읽기와 한 편의 긴 글을 읽기를 비교했다. 짧은 글을 읽은 그룹이 주제에 대한 이해도 더 떨어지고 뇌의 피로는 더 컸다. 연구진은 한 편의 글을 읽고 깊게 생각하는 것이 소모는 적고 이해를 더 높인다고 설명했다. 한편 영국 서식스 대학교 역시 여러 주제의 짧은 글을 이것저것 돌아가며 읽은 사람들의 뇌 활동을 관찰하는 연구를 했다. 그 결과 스트레스 호르몬이 급증하면서 논리력 추리력이 감소해 깊은 사고가 불가능한 것으로 분석되었다.

얼마나 많은 사람이 총체적 난독증을 호소했는지, 미국 국립 의학 도서관에서는 마침내 응급처방을 내린다. 딥 리딩만이 유일한 치료법이니, 깊이 읽으라고 말이다.

리더leader는
리더reader에서 시작된다

일하다가 문제가 발생하면 혼자 끙끙 앓으며 떠안고 있다가 폭탄을 만드는 사람들이 있다. 호미로 막을 걸 가래로 막는 격이다. 이런 직장인들도 큰일이지만, 문제가 터졌다고 바로 상사에게 달려가서 '보고'만 하는 사람도 일머리가 있다고는 말할 수 없다. 가장 이상적인 사례는 자신의 머리로 생각한 대안, 즉 해결책을 함께 보고하는 것이다.

이를 위해 일터에서 요구하는 능력은 '자신의 머리로' 읽고 생각하기가 기본이다. 메타 문해력이라는 운영체제가 작동해야 가능한 능력이기도 하다. 읽는 힘을 제대로 발휘하지 못하면 사고력도 작동하지 않는다.

읽기 전도사 매리언 울프Maryanne Wolf[6]는 읽는 힘을 '정신의 카나리아'라고 한다. 탄광의 카나리아가 광부들의 위험을 미리 알리듯 메타 문해력이 무너지는 재앙이나 위험의 초기신호는 읽는 힘이 부실한 데서 초래된다고 설명한다. 우리 인류는 '읽는 뇌'를 타고나지 않았기에

'읽는 힘'을 만들고 키우고 보전하려면 '깊이 읽기'라는 의도적 노력으로만 가능하다고 조언한다.

깊이 읽기-정신의 카나리아

매리언 울프는 깊이 읽기가 우리의 가장 본질적인 사고 과정인 비판적, 추론적 사고와 반성적 사유를 가능하게 하고, 진실과 거짓을 구별하는 능력을 기르게 해주며, 타인의 관점을 경험하게 해주는 열쇠라고 말한다. 또한 깊이 읽는 능력이 인류가 지속될 수 있었던 비결이며, 현시대의 일터에서 가장 중요하게 여기는 전략적 사고에도 도움이 된다고 설명한다.

플로리다 대학교 옐로리스 더글러스Yellowlees Douglas 교수 연구진은 깊이 읽기가 뇌를 계발하는 가장 좋은 방법으로, 숨은 뜻을 추론하고 분석해 깊이 있는 사고를 하도록 돕는다고 조언한다. 깊이 읽기는 어떤 종류의 글을 읽느냐와도 관계가 깊다. 은유와 암시가 많고 고차원적으로 해석해야 그 의미를 알 수 있는 내용을 읽을 때 저절로 깊이 읽기를 한다. 이런 특징 때문에 매리언 울프는 '읽기는 인류가 발명한 가장 기적적인 발명품'이라고 주장했다. 그래서 세계적인 대학들은 문제해결 능력이 뛰어난 리더leader를 키워내기 위해 훌륭한 리더reader를 목표한다.

읽기가 삶의 힘을 길러준다고 말하는 이는 또 있다. 읽기의 수호자라 불리는 아르헨티나 국립도서관장 알베르토 망구엘Alberto Manguel은 깊이 읽으면 유추의 과정, 추론의 과정, 공감의 과정, 배경지식 처리 과정 사이의 연결이 꾸준히 강화된다고 설명한다. 그러면 읽기 차원뿐 아니라 삶의 차원 전반에 걸쳐 유리해진다며 깊이 읽기를 권한다.

　일에 필요한 창의적인 생각들은 자료를 읽는 것으로 시작한다. 생각하기라는 엔진은 지식과 정보라는 연료가 없이는 돌지 않는다. 생각 엔진의 연료로 쓰이는 자료들은 깊이, 시간과 에너지를 들여 읽어야 한다. 어떻게 하면 깊이 있는 읽기가 가능한지 좀 더 자세히 살펴보자.

읽는 수고를
들여야 하는 이유

"신은 죽었다"는 주장으로 20세기 유럽 지식인들을 비롯한 문화예술계에 큰 영향을 미친 철학자 프리드리히 니체Friedrich Nietzsche. 그가 이처럼 혁명적인 철학을 주장한 밑바탕에는 독서가 있었다. 니체는 읽고 또 읽는 사람이었다. 그러다 눈병이 나서 책 읽기가 불편해지자 쓰기로 돌린 뒤 그 결과 자신만의 철학적 사유를 완성하는 업적을 남겼다. 자신이 읽은 내용들을 연료 삼아 생각의 엔진을 돌린 결과 《차라투스트라는 이렇게 말했다》와 같은 걸작을 남겨 이를 후대의 사람들이 두고두고 읽게 만들었으니, 읽기의 아웃풋으로는 최상위 등급이다.

니체가 그랬듯, 쓰기는 읽기에서 비롯되고 읽기는 쓰기로 완성되며, 생각하기라는 견고한 축이 읽기와 쓰기를 가동한다. 다시 한번 강조하는데, 읽는 힘 없이는 생각하는 힘도 쓰는 힘도 불가능하다.

"읽고 돌아서면 다 까먹는데, 좋은 방법이 없을까요?"

"읽기는 많이 읽는데, 써먹지는 못하는 것 같아요"

"내용을 잘 이해하려면 어떻게 읽어야 하나요?"

2002년부터 글쓰기 코칭을 해온 내가 수업에서 가장 많이 하는 조언이 "많이 읽으세요"인데, 이때 가장 많이 듣는 하소연이 이 세 가지다. 그저 읽었을 뿐인데, 읽은 것이 차곡차곡 머릿속에 저장되어 필요할 때 바로 활용할 수 있다면 얼마나 편할까? 그런데 아쉽게도 읽는 것만으로는 기억할 수도, 활용할 수도 없다.

하버드대 심리학과 대니얼 샥터Daniel Schacter 교수의 조언이다.

"새로운 정보를 읽고 해석하고 쓰고 요약하고 주석 달고 말하고 듣고 회
상하는 등의 여러 가지 방법으로 그 정보를 사용하면 잘 기억된다. 정보
를 가지고 많은 일을 해보고 다각도로 뇌에 자극을 줄 때 잘 기억된다."

실전에 활용하는 읽기, 즉 아웃풋을 전제로 해야 잘 읽을 수 있다는 말이다. 잘 읽을 수 있으면 생각하는 것도 쓰는 것도 문제없으니, 이게 바로 니체처럼 읽기-공들여 읽기라고 할 수 있다. 내가 글쓰기 수업에서 만난, 글쓰기가 힘들고 어려워 죽겠다는 사람들은 예외 없이 읽기가 서툴다. 그래서 그들에게 읽기 연습부터 하게 한다. 잘 읽지 못하면 생각하기도 쓰기도 불가능하니 다른 대안이 없다.

그렇다면 어떻게 읽어야 잘 읽는 것일까?

요즘은 텔레비전 교양프로그램이나 유튜브 전문 채널을 통해 다양

한 지식과 정보, 트렌드를 입수하는 것이 일상이 되었다. 그런 프로그램 하나만 꾸준히 봐도 어느 자리에서든 막힘 없이 이야기할 수 있도록 각 분야의 전문가가 다양한 지식을 전달해준다. 하지만 별다른 노력 없이 입수한 지식과 정보는 진짜 내 것이 되기 힘들다. 조금만 깊이 들어가거나 그 분야를 정말 좋아하는 사람과 이야기하면 금세 바닥나기 마련이다.

문해력 전문가 조병영 한양대 교수는 "사람들이 뭔가 안다는 것을 단지 정보를 아는 것으로 취급하는 상황이 늘어나고 있다"면서 지식과 정보를 수동적으로 이용하면 인식에서 주체성이 약해진다고 경고한다. 그러면서 지성과 진실은 외부의 정보를 가지고 자기 안에서 구성해내는 것이라고 방점을 찍었다.

리딩 패러독스: 공들여 읽기

전문가들은 지식이나 정보를 입수할 때는 적당히 수고로운 방법이 효과적이라고 조언한다. 대니얼 오펜하이머Daniel M. Oppenheimer 캘리포니아 대학교 LA 캠퍼스UCLA 교수의 실험이 이를 입증한다. 어떤 자료를 읽기 어려운 서체로 작성한 버전을 읽게 했을 때 읽기 쉬운 서체로 작성한 것보다 오답일 확률이 절반으로 떨어졌다. 흔치 않은 서체로 작성된 내용을 읽느라 신중을 기했기 때문이다. 그의 또 다른 연구에 따르면 사람들은 키보드보다 손으로 필기한 정보를 더 잘 흡수한다.

손 필기가 타자보다 느린 탓에 내용 전부가 아니라 핵심만 키워드로 요약해서 적기 때문이다. 요약 필기하려면 자연히 더 집중하게 된다. 또 생각이나 꼭 받아 적어야 할 중요한 내용과 아닌 것을 판단하느라 머리를 쓰고, 필기하는 동안 손을 쓰며 생각하기 때문에 더 잘 이해하고 더 잘 기억한다. 교육심리전문가 로버트 비요크Robert A. Bjork는 이를 '바람직한 어려움'이라는 용어로 표현한다.

코로나19로 학교가 폐쇄된 약 2년 동안 초등학생들의 기초학력이 크게 저하되었다. 수업이 인터넷으로 진행되었기 때문인데, 인터넷 강의는 어른도 대부분 실패하기로 악명이 높다. '바람직한 어려움' 이론에 따르면 수업을 들을 때는 내용을 다 이해한 듯하지만 수업이 끝나면 언제 그랬냐는 듯 잊어버리는 것은 듣기가 읽기보다 쉬워서 그렇다.

힘들게 배울수록 더 잘 배우는데, 이것을 '러닝 패러독스'라고 한다. 이를 본떠 나는 '리딩 패러독스'라고 만들어보았다. 영상이 아니라 책을, 이미지가 아니라 텍스트를 읽으면 내용을 이해하려 더 많은 주의를 기울이고 더욱 의식적으로 노력하게 된다. 그렇다고 처음부터 너무 어려운 텍스트를 준비하면 지레 포기하게 되니 적당히 어려운 방식으로 공들여 읽어야겠다.

읽어두면 쓸모 있는 넓고 깊은 지식

일머리 좋은 사람들은 어떤 일을 하든, 읽고 생각하고 쓰는 메타 문해력이 저절로 작동한다. 메타 문해력이 작동하면 깊이 읽기 모드에 자동으로 들어간다. 깊이 읽으면 무의식 저 아래 잠들어 있던 생각들이 깨어나고 그 생각들이 지금 막 눈에 들어온 내용에 더해져 새로운 생각으로 변하며, 그러다 보면 틀림없이, "아…" 하는 감탄사가 터져 나온다. 어느새 아웃풋이 흐릿하게 모습을 드러내는 것도 이즈음이다.

많이 읽을수록 더 잘 읽는다

읽는 힘을 기르려면 많이 읽어야 한다. 동양 학생들이 서양 학생들보다 수학을 잘하는데 그 이유가 수학 공부를 2배 더 많이 하기 때문이라는 말을 들은 적 있다. 마찬가지로 읽는 힘을 가진 사람은 읽는 힘이 취약한 사람보다 절대적으로 많이 읽는다. 달리기도, 수영도 매일 매일 연습하는 사람이 기술을 익히고 실력을 향상할 수 있듯이, 경험만이 읽는 힘을 길러준다. 내용의 처음부터 끝까지 완독한 경험이 많으면 많을수록 자기만의 경험이 쌓이고 이 경험의 도움을 받아 더 많이 읽고 더 잘 읽게 된다.

많이 읽어야 추론, 상상력이 길러지고 이해력이 늘어난다. 많이 읽으면 어휘가 자동 저장되어 술술 더 잘 읽힌다. 많이 읽으면 배경지식이 늘어나 읽기가 재미있어진다. 시나브로 깊이 읽는 뇌가 만들어지고 그 결과는 아웃풋으로 나타난다.

일본의 지성이라 추앙받는 다치바나 다카시立花隆는 인풋과 아웃풋이 많아야 결과물이 좋다고 했다. 한 권의 책을 쓰는 데 100여 권의 책을 읽는다는 그는 책 한 권 쓰는데 몇 권밖에 읽지 않는다면 '표절'에 가깝다고 경고했다. 영국에서 활동하는 한국인 사업가 켈리 최는 자신의 경험을 앞세워 책 읽기로 부자가 될 수 있다며 어떤 분야든 100권을 읽으라고 권한다. 사업하고 싶은 분야를 정해서 그 분야를 다룬 책 100권을 읽으면 그 분야가 돌아가는 것을 훤하게 꿸 수 있으니 사업에 유리할 수밖에 없다는 것이다. 다치바나 다카시와 켈리 최가 말하는 '100권'이란 다다익선의 비유적 표현이다. 누구에게 100권은 200권이 될 수도 1만 권이 될 수도 있다.

나보다 30년 늦게 태어난 아들이 고등학교 다닐 때의 일이다. 어느 날 책을 읽다 말고 투덜댔다.

"엄마처럼 생각하려면 30년 치 독서를 해야 하나요? 그러면 지금 출간

되는 책들은 또 언제 읽나요?"

그 말이 이 세상에 나와 있는 모든 책을 읽어야 하느냐는 질문으로 들려서 나는 이런 대답을 해주었다.

"너의 관심을 끄는 것들 위주로 읽으며 관점의 사각지대를 없애봐."

아무리 많이 읽어도 한정된 시간 동안 그 많은 책을 다 읽을 수는 없다. 관심사 위주로 파고드는 것이 방법이다. 관심사를 파고들되 다양하게 읽어야 관점의 사각지대가 줄어든다.

다양하게 읽어야 한다

책 쓰기 수업에서 만나는 예비 저자들은 자신이 쓸 주제를 다룬 책들만 읽는다. 예를 들어 부동산 투자 노하우에 관한 책을 준비하고 있다면, 그동안 출간된 부동산 재테크 책만 읽는 식이다. 이래서는 기존의 관점에 매몰된다. 다치바나 다카시가 미야자키 하야오宮崎駿의 새 영화 〈바람이 분다〉의 팸플릿에 들어갈 추천사를 쓰기 위해 무엇을 얼마나 읽었는지 경험을 들려준 적 있다. 당시 그는 이미 항공공학에 대한 기초지식이 있음에도 초기 비행 시대를 다룬 영화를 이해하기 위한

항공공학 도서, 영화의 시대적 배경인 관동 대지진 등에 관련된 수십 권의 책을 산더미처럼 쌓아놓고 읽었고, 전후 도쿄대 연구소 변천사까지도 공부했다고 한다. 이렇게 읽으면 다른 이와 같은 글이 나올 수 없다는 것이 그의 지론이다.

나도 책을 한 권 쓸 때는 100권을 훌쩍 넘게 읽는다. 먼저 해당 주제와 관련된 교양과 상식 차원의 책을 읽고, 그 바탕 위에 내가 쓰려는 책에 담을 가치와 철학을 다룬 책, 그리고 내 책이 들어갈 카테고리의 책들을 읽는다. 그런 다음 내가 새로 쓸 내용을 이미 다룬 책이 있다면 어떻게 다뤘는지를 알기 위해 해당 키워드의 책을 읽는다. 이렇게 읽다 보면 해당 분야의 지식은 거의 섭렵한 것이다. 마치 그 주제를 다룬 산의 꼭대기에 올라가듯 책을 읽어내면 내 책이 위치할 빈자리가 보인다.

이런 일련의 노력을 《축적의 기술》을 쓴 서울대 교수 이정동은 '지향점이 있는 노력'이라고 표현한다.

> "오늘 이것 하다 안 되면 내일 저것 찌르는 식으로, 보이는 대로 또는 들은 대로 지향점 없이 마구잡이 시도를 하면 탁월해질 수 없다."

이정동 교수는 지향점이 있으면 오늘 비록 성과가 없고 실패하더라도 방향을 수정할 교훈을 얻지만, 지향점이 없으면 실패하는 순간에 뭔가를 배우기는커녕 짐 싸서 뜰 생각부터 하게 된다며 지향점 있는 노력을 권한다. 지향점이 없으면 실패에서 학습이 되지 않아 당연히 질문도 업데이트되지 않는다. 읽는 힘을 기르는 읽기는 하나의 주제를 정해서 읽는 것이다.

그 많은 책을 언제 다 읽느냐고 투덜대던 아들은 어느 날 작심하고 판타지 소설을 읽기 시작했다. 교보문고 광화문점 판타지 소설 매대에 꽂힌 책 대부분을 읽은 아들은 성인이 되어 게임회사에 취업했다. 그때 읽은 책들이 새로 출시되는 게임의 세계관을 빠르게 이해하는 데 아주 큰 도움이 된다고 한다.

비즈니스 읽기에는
목표가 있다

제78대 영국 총리 리즈 트러스Liz Truss는 옥스퍼드 대학교에서 PPE 학위를 받았다. PPE는 Philosophy, Politics and Economics의 약자로 철학, 정치, 경제를 융합적으로 탐구하는 학문이자 전공과목을 말한다. 1920년 처음 만들어진 PPE 학위는 영국 사회에서 엘리트층 진출을 꿈꾸는 많은 학생이 거쳐 간 정치와 경제, 철학을 두루 배울 수 있는 만능 사다리다. '정계와 언론계는 옥스퍼드 PPE가 지배한다'는 말도 있다.

리더의 최고 덕목인 문제해결 능력을 기르도록 돕는 것이 PPE 과정의 미션이다. 새로운 문제에 직면했을 때 실제로 사용할 수 있는 새로운 지식의 습득을 목표한다. 이러한 목표를 위해 아주 많은 책과 자료를 읽으며 내용을 이해하고 비판적 사고를 통해 자기 나름의 해결 방법을 마련하도록 한다. 그런 다음 에세이와 논문으로 정리하며 자신의 생각을 확고하게 한다. 에세이와 논문으로 정리하는 것은 내용을 논리적으로 설득력 있게 정리함으로써 누가 읽어도 의미 전달이 확실하도록 객관성을 확보하는 작업이다. PPE 전공자들은 매 학기 16개의 에세이를 제출하는데, 에세이마다 20여 권의 과제 도서를 읽고 의견을 만들어 설득하는 글을 써야 한다. 연간 3학기이니 1년 동안 48편의 에세이를 쓰고 이를 위해 1,000여 권의 과제용 도서를 읽는다.

옥스퍼드 PPE 학위뿐 아니라 하버드, MIT 등 세계의 유명한 대학에 재학 중인 학생들도 졸업할 때까지 엄청나게 읽고 엄청나게 써야 한다. 하버드대생은 졸업할 때까지 쓰는 에세이가 50킬로그램에 달한다고 한다.

결국 문제해결을 위해서는 먼저 읽어야 하고, 읽은 것이 사고를 거쳐 글로 나와야 한다. 그러기 위해서는 읽으며 메모하기, 읽고 나서 정리하기라는 두 단계를 거쳐야 한다. 읽으며 메모하기는 빌 게이츠의 읽기 방법으로도 유명하다.

빌 게이츠처럼 행간 쓰기

넷플릭스Netflix에서 방영하는 빌 게이츠 다큐멘터리를 보며 나는 책의 여백에 필기하는 그의 독서법을 눈여겨보았다. 빌 게이츠는 논픽션을 읽을 때 주의 깊게 읽어야 이미 가지고 있는 지식에 새로운 지식을 접목할 수 있다고 강조한다. 주의 깊게 읽기 위해 그는 책 여백에 생각들을 메모하며 읽는다. 독서노트나 메모장을 마련해 메모할 수도 있지만, 책 여백에 필기하면 지금 읽고 있는 것에 대해 정말 열심히 생각하도록 만들어준다고 증언한다.

> "책 여백에 필기하면 읽는 시간이 2배가 되기도 하지만 이것이 내가 책
> 에서 배우고 읽는 지식을 통합하는 방법이다.[7]"

나 역시 빌 게이츠처럼 책을 아예 노트로 활용하며 읽는다. 저자가 주장한 내용에 공감이 가면 별표를 여러 개 그리고 나열되는 정보에는 번호를 매기기도 하며, 내용에 동의하지 못하면 ×자를 크게 긋는다. 또 그때그때 떠오르는 생각을 깨알같이 메모한다.

읽고 나서 쓸 수 없으면 읽은 게 아니다

하버드 경영대학원 졸업생 중 가장 성공한 31인에 포함된 일본 사업가 하토야마 레히토鳩山玲人.[8] 그는 산리오Sanrio에서 근무한 5년간 영업이익을 3배, 시가총액을 7배 성장시킨 성과를 자랑한다. 이러한 성공의 비결에 관해 그는 하버드 경영대학원이 가르쳐준 독서법 덕분이라고 말한다. 그가 알려주는 이 독서법의 핵심은 이렇다.

> 비즈니스 독서 목적은 눈앞의 문제를 해결하는 것이다.

하버드 경영대학원에서 배운 것은 지식이 아니라 실천의 중요성이었

고, 비즈니스 독서의 목적은 지식을 얻는 것이 아니라 책에서 얻은 지식을 실천하는 것이라고 강조한다.

읽기의 목표는 활용하기에 있다. 책을 읽음으로써 유입되는 새로운 정보와 지식은 뇌에 회오리를 일으킨다. 그와 함께 이러면 어떨까, 저러면 어떨까 하는 질문이 일어나면서, 기다렸다는 듯 아이디어의 실마리가 떠오른다. 이때 이것들을 책이나 자료의 여백에 메모해야 한다. 읽으며 일어나는 생각들을 흘려보내지 말고 낚아채서 따로 보관해두어야만 깊은 생각, 제대로 된 아이디어를 만들 수 있다. 메모한 것들은 나중에 다시 들여다보며 글로 정리해야 읽는 동안 찾아온 생각의 선물을 내 것으로 만들 수 있다. 자료를 다 읽은 다음에도 정확하게 읽고 바르게 이해했는가를 살피고 확인하는 과정이 필요하다. 그제야 비로소 실전에 활용하는 읽기가 가능해진다.

나는 이것을 '아웃풋 읽기'라고 부른다. 인풋 없이 아웃풋 있을 수 없지만, 아웃풋 하는 과정 없는 인풋 또한 의미 없다. 이것이 메타 문해력이 작동하는 방식이다.

읽은 정보를
내 지식으로 만드는 도구

자연산 진주가 서 말이면 꿰지 않아도 꽤 값이 나간다. 그런데 정보는 300말이라도 그 자체로는 아무 가치도 힘도 없다. 《설득의 심리학》으로 유명한 심리학자 로버트 치알디니Robert Cialdini도 같은 생각이다.

> "우리 사회가 소위 '정보의 시대'로 불리고 있긴 하지만 '지식의 시대'로 불린 적은 단 한 번도 없었다. 정보가 곧장 지식으로 바뀌는 것은 아니다. 또 정보 자체는 아무것도 할 수 없다. 지식화해야 힘이 된다."

검색만 하면 쏟아지는 게 정보인데, 그것을 가치 있게 만들려면 흡수하고 이해하고 통합하고 간직하는 과정을 거쳐야 한다. 이것이 지식이다. 책에 있는 것은 분명 지식이지만, 그저 저자에게서 나온 상태에서는 '정보'에 지나지 않는다. 독자인 내가 이를 나만의 것으로 만들어야 지식이 된다.

정보를 흡수하고 이해하고 통합하고 간직하는 작업을 나는 매핑 mapping이라고 부른다. 수집한 자료를 뜯어보고 선별해서 제자리, 즉 있어야 할 곳에 배치하는 작업을 말한다. 필요할 때 활용할 수 있도록 정보를 다듬고 분류해서 보관하는 것이다. 이렇게 정리한 정보는 문제 해결책을 찾을 때 참고자료로, 또 아이디어를 기획할 때나 문서를 작성할 때 설득하는 근거로 활용한다.

정보를 힘으로 바꾸는 매핑기술 3T

정보를 수집할 때 우리 대부분은 산만한 환경에서 터치 몇 번으로 긁어모은다. 손가락으로 정보를 훑다가 얻어걸린 것들은 내 것이 되기 힘들다. 시간이 조금만 지나도 기억조차 하기 어렵다. 읽거나 보거나 들을 때는 많은 것을 새롭게 알게 된 것 같아도, 내 것으로 만드는 작업을 거치지 않으면 금세 사라진다. 새로운 것을 마구잡이로 '폭풍 흡입'하는 데만 치중하기보다는 받아들인 것을 정리하고 정돈하는 작업을 해야 한다.

자료는 일단 채집해서 찬찬히 읽어가며 내용별로 분류하고, 내용을 구성하는 원재료를 솎아내 보관한다. 이때 원재료와 관련해서 떠오른 나만의 생각도 더해서 메모한다. 이렇게 정리 정돈한 자료는 비로소 메타 문해력을 가동하는 연료가 된다. 정보가 힘으로 바뀌는 순간이다. 소설조차도 정보의 힘으로 쓰인다고 소설가 김중혁은 말한다.

"내 글공장에서 가장 중요한 작업장은 매일 산더미처럼 밀려 들어오는 재료들을 사용하기 좋게 절단하고 분류하는 일을 하는 '글감 분류실'이다. 가벼운 감상부터 스치듯 지나가는 생각들, 심오한 철학적 주제들 텔레비전에서 얻은 정보, 누군가에게 주워들은 이야기 등 수많은 글감을 매일 분류하고 절단하고 병합한다."

정보를 정리 정돈해서 힘으로 바꾸는 매핑 기술 세 가지를 소개한다.

• 트리밍Trimming: 원재료로 만들기

사진 기법의 하나인 트리밍은 원하는 부분을 잘라내고, 그 부분을 확대해 사용하는 것을 한다. 매핑 작업에서도 트리밍이 필수다. 수집한 자료에서 내가 취하고 싶은 정보만 솎아내는 작업이다.

자료는 그것을 사용하는 이가 만든 문맥에 담기기 때문에 그 문맥에서 자료만 솎아내 그 정보가 활용되기 전의 원래 상태로 되돌리는 작업이 트리밍이다. 원래의 상태로 복원해두어야 내가 필요할 때 바로 사용할 수 있다. 자료를 트리밍할 때는 특히 사실과 의견을 명확하게 구분하고 출처를 반드시 표기해둔다.

• 제목Title + 설명Description: 데이터화 하기

발굴하듯 원재료를 솎아내 그에 걸맞은 이름을 붙여주면 하나의 데이터가 된다. 일정한 형식을 갖춘 제목과 설명을 붙여서 저장하면 그 자체로 훌륭한 데이터베이스다. '제목+설명' 형식을 이용하면 각각의 자료를 식별하기 좋고, 끄집어내 재사용할 때도 유용하다. 자료마다 이름을 붙이는 것은 일본의 기록 전문가 다치바나 다카시의 책을 통해 배웠다. 다치바나는 자료를 수집할 때 분류하는 것을 추천하며, 특히 정리된 내용에 각각 이름을 붙이라고 조언했다. 여기에 더해 자료가 방대해지면 분야별로 재정리할 것도 추천한다.

- **타이핑**Typing: **손으로 일일이**

자료를 파일이나 디지털 도구에 보관할 때는 조금 번거롭더라도 타이핑해서 새롭게 만든다. 긁어서 붙이거나 이미지를 저장해 보관할 수도 있지만, 그렇게 하면 작업은 쉽더라도 내용은 기억에 남지 않는다. 손으로 일일이 타이핑하는 작업을 해야 내용이 이해되고 그 순간이 저장되어 오래 기억된다.

하루키처럼, 머릿속에서 매직 만들기

일본 작가 무라카미 하루키는 소설가를 매직을 만들어내는 사람이라고 설명하며, 그 매직은 머릿속 서랍에 보관해둔 갖은 재료가 만들어낸다고 말한다. [9] 위대한 작가라도 아무것도 없는 데서 창조하지는 않는다는 사실을 보여준다. 하루키의 말에 따르면 소설가란 재료를 수집하는 게 일인 사람이다. 그는 자기 머릿속에는 1,000개의 서랍이 있는데, 여행을 다닐 때마다 서랍 안을 채우고, 필요할 때면 언제든지 하나씩 혹은 서너 개씩 열어 다음 작업을 준비한다고 한다.

읽는 힘을 키우고 싶다면 우리도 하루키처럼 서랍을 가져야 한다. 아무것도 없는 데서 뭔가를 만들어내기란 불가능에 가깝기 때문이다. 종이 노트, 컴퓨터 파일 같은 전자노트, 노션Notion, 네이버 카페나 에버노트 같은 인터넷 도구도 상관없다. 자료를 수집하고 분류하고 제목과 설명 포맷으로 만들어 차곡차곡 저장해보자. 자료들이 많이 쌓이면 주제를 나누어 분류하고 선택하고 배열하는 작업을 저절로 하게 된다. 이 과정에서 전혀 예기치 못한 연결과 조화의 열매를 만나기도 한다.

세 줄로 요약하면서
지식 서랍에 넣어라

한마디로 결론 내리기. 한 문단으로 정리하기. 한 장으로 요약하기. 대입 논술시험에서부터 취업용 자기소개서 쓰기, 이메일로 업무 보고하기, 고객에게 상품 설명하기, 엘리베이터에서 투자자를 만나 30초 안에 설명하기, 법정에서 진술하기… 삶의 중요한 순간은 이렇게 길고 긴 내용을 요약하고 전하는 능력을 테스트받는 현장이기도 하다.

머리로 일하는 사람들이 가장 많이 사용하는 기술 중 하나가 요약하기다. 말로든 보고서나 발표자료, 이메일을 포함한 글로든 어떤 경우에라도 내용을 있는 그대로 전하는 경우는 없다. '핵심을 빠르게 전달하고 의도한 반응을 빠르게 얻어내려면' 그 내용을 한마디로, 상대가 이해하기 쉽도록, 짜임새 있게 요약하기가 기본이다.

우리는 앞서 읽은 것을 머릿속 지식 서랍에 차곡차곡 넣는 법을 배웠다. 그런데 그 방대한 분량을 그대로 넣었다가는 제때 떠올려서 꺼내기 힘들다. 따라서 읽은 것의 요점만 서랍에 넣어야 한다.

읽는 힘은 결국 제대로 요약할 수 있는가로 판가름 난다고도 할 수 있다. 요약하는 능력은 글쓴이의 의도를 간파해 이를 자신의 언어로 재가공하는 능력이라고 할 수 있다. 다른 말로 하면 '하고 싶은 많은 말'을 '꼭 들어야 할 몇 마디'로 전하는 능력이다.

제프리 카픽Jeffery D. Karpicke 퍼듀 대학교 교수는 읽기 방식의 효과에 관해 연구했다. 네 그룹에게 읽기 자료를 제시하고 각각 다른 방법으로 읽게 한 다음 일주일 후에 테스트했다. 그 결과 '자료 내용을 떠올려 자유롭게 서술하기' 방법을 실행한 그룹이 최고의 읽기 효과를 자랑했다. 카픽 교수는 단순히 읽기보다 지식을 재구성할 때 학습 효과가 향상된다고 설명한다. 지식을 재구성하는 과정에서 핵심만 추려 빠르게 전달하는 능력이 바로 일머리를 좌우하는 핵심이다.

어떤 분량의 글이든 단 세 줄로 요약하는 비법

디지털 채널을 통해 정보가 엄청나게 유통되면서 정보를 걸러내고 압축하는 능력이 더욱 중요해졌다. 그런데 요약하는 능력은 전보다 훨씬 취약하다. 습관적으로 요약된 정보만 취하다 보니 요약 능력을 기를 새가 없는 것이다. 남이 요약해준 정보는 읽기 편하지만, 내 것이 아니라서 머릿속에서 금방 잊힌다. 또한 원래의 자료를 읽음으로써 내가 취해야 할 비판적 사고, 내가 얻어야 할 저자의 의도 등을 파악할 수 없다. 그러므로 시간이 조금 걸리더라도 스스로 요약해야 한다. 원문을 읽고 세 줄로 요약하는 연습을 해보자.

요약하기는 3단계로 연습한다. 먼저 내용을 읽고 핵심을 추린다. 글의 제목과 부제, 작은 제목, 도입부와 마무리 부분을 주의 깊게 읽으면 핵심을 어렵지 않게 파악할 수 있다. 다음으로 핵심 아이디어를 뒷받침하는 세부 아이디어를 파악한다. 마지막 단계에서 아이디어를 간추려 요점을 만들고 자신의 언어로 표현한다.

1. 핵심 아이디어를 추린다.
2. 세부 아이디어를 파악한다.
3. 자신의 말로 요약문을 쓴다.

세 줄 요약문을 쓴 후에는 다음 세 포인트가 포함되는지를 점검한다.

무엇을 말하고 있는가?
왜 그런 말을 하는가?
그래서 어떻게 하면 될까?

요약글은 본래의 의미를 유지하면서 분량을 줄여야 한다. 원문의 문장이나 구절을 잘라내 짜깁는 것이 아니라 요약하는 사람의 언어로 다시 써야 한다. 이렇게 작성된 요약글은 전체 글을 읽지 않은 사람도 내용을 파악하는 데 무리가 전혀 없게끔 누락 없이, 중복 없이, 간결하고 명료하게 정리되어야 한다.

의사소통의 중요성을 이야기하는 사람들이 빠뜨리지 않고 언급하는 것이 머레이비언의 법칙입니다. '메시지 자체보다 메시지를 전달하는 방식이 더욱 중요하다'는 요지로 표정, 말투, 외모, 목소리 등 비언어적 요소가 언어보다 훨씬 힘이 세다고 주장하는 법칙이지요. 그동안은 과연 그랬습니다. 이메일보다는 전화로, 보고서보다는 직접 쫓아가 의견을 건네면 더 잘 통했습니다. 코로나19 팬데믹 직전까지만 해도 그랬습니다. 그런데 이제 세상이 변했습니다. 가능한 한 만나지 말라고 합니다. 일도 만나지 말고 처리하라 합니다. 이는 머레이비언의 법칙이 그 효과가 다했다는 의미입니다. 이런 변화의 추세는 무슨 일에서든 핵심을 빠르게 전달하는 소통이 가장 중요하다는 것을 역설합니다.

《150년 하버드 글쓰기 비법》의 일부다. 이 내용의 요약글을 3단계로 만들어보자.

1단계: 핵심 아이디어 추리기

대면이든 비대면이든 일할 때는 핵심을 빠르게 전달하는 소통이 가장 중요하다.

2단계: 세부 아이디어 파악하기

1. 오랜 시간 의사소통은 메시지 자체보다 메시지 전달 방법이 더 중요하게 작동하는 머레이비언이 법칙이 장악했다.
2. 원격으로 일하고 소통하는 새로운 표준이 순식간에 세워진 코로

나19 팬데믹으로 이 법칙은 무용지물이 되었다.

3. 비대면이든 대면이든 의사소통은 핵심을 빠르게 전달하는 것이 가장 중요하다.

3단계: 요약문 작성하기

오랜 시간 의사소통은 메시지 자체보다 메시지 전달 방법이 더 중요하게 작동하는 머레이비언이 법칙이 장악했다. 그런데 원격으로 일하고 소통하는 새로운 표준이 순식간에 세워진 코로나19 팬데믹으로 이 법칙은 통하지 않게 되었다. 비대면이든 대면이든 의사소통은 핵심을 빠르게 전달하는 것이 가장 중요하다.

신문 기사로 요약 연습하기

요약 연습을 할 때는 제대로 완성된 글을 대상으로 해야 한다. 메시지가 명확히 드러나고 설득력이 있게 풀어쓴 글이 아니면 요약하기가 불가능하기 때문이다. 이런 이유로 요약을 연습할 글은 교과서에 실린 글이나 신문에 실린 칼럼이 좋다.

요즘 신문 기사는 인터넷판에서 세 줄 요약 서비스를 제공한다. 기사를 읽고 세 줄 요약글을 쓴 다음, 신문사에서 제공한 요약문과 비교 검토해보자. 자체 피드백이 가능해 요약하기 연습에 그만이다.

읽을수록 더 잘 읽게 되는
복리 효과

'생활의 달인'이라는 TV 프로그램을 보면 수십 년간 한 분야에 종사하며 달인의 경지에 이른 사람들을 소개한다. 그들이 '달인'이라고 불리는 이유는 비교할 수 없는 맛과 품질도 있지만, 엄청난 속도와 한 치의 오차 없는 정확함도 한몫한다. 찐빵의 달인은 2배속으로 돌린 것 같은 속도로 찐빵을 만들고, 봉투집 사장님은 손이 보이지 않을 속도로 봉투를 접지만 제품에는 한 치의 오차도 없다. 이들 모두 하루아침에 그런 속도와 정확성을 갖게 된 것은 아니다. 오랜 시간 기술을 연마하고 끊임없이 연구하면서 지금의 실력과 명성을 얻은 것이다.

읽기도 마찬가지다. 읽을수록 더 빨리, 정확하게 읽고 그 결과 더 많이 읽게 된다. 마치 이자가 복리로 늘어나는 듯한 효과다. 읽기 경력이 늘어날수록 더 빨리 읽을 수 있는 데는 어떤 비밀이 있을까? 동체 시력이 빨라지는가? 아니면 누군가가 이야기하는 것처럼 사선으로 읽을 수 있게 되는가? 그렇지 않다. 많이 읽으면 서랍 속에 쌓이는 배경

지식이 점차 채워지기 때문에 읽기가 더 편해지고 더 즐거워지는 것이다. 대니얼 윌링햄Daniel Willingahm 버지니아 대학교 심리학과 교수도 같은 생각이다.

> "만약 어떤 학생이 읽기에 문제가 없다면 내용을 이해하는 능력은 배경지식을 얼마나 갖고 있느냐에 달려있다."

여기서 배경지식이란 읽고 있는 내용에 관련된 다양한 지식은 물론 읽는 사람의 내면에 쌓인 지식이나 경험, 정보 등으로 짜인 인식의 틀을 말하는 것이다. 이러한 배경지식을 '스키마schema'라 부르기도 한다. 스키마 이론가들은 글이나 자료, 책 등 다양한 종류의 텍스트를 읽을 때 그 의미는 텍스트 안에 있는 게 아니라 읽는 이의 스키마로 이해하는 범위 내에서만 존재한다고 주장한다. 따라서 외부의 것을 읽거나 받아들일 때 그 사람의 스키마에 따라 결과가 달라질 수밖에 없다는 것이다.

> "인터넷상의 하이퍼텍스트는 무엇을 찾고 있는지 이미 알고 있는 사람에게만 유효하다. 무엇을 찾는지 모른다면 링크를 아무리 클릭하고 넘어가더라도 아무것도 연결하지 못하고 어떤 공통점도 찾지 못한다. 그저 네트워크의 커다란 혼돈 속에서 여기저기를 뛰어다닐 뿐이다."[10]

프랑스 디지털정보기술사용연구소인 루탱Lutin의 책임자 티에리 바치노Thierry Baccino가 한 말로, 사람은 누구나 자신이 알고 있는 것 이상을 이해하고 활용할 수 없다는 뜻이다. 스키마는 빗물을 받는 양동이 같다. 하늘이 내리는 비의 양은 같지만, 양동이의 크기나 재질에 따라 받을 수 있는 양이 다르다. 스키마가 크고 탄탄하게 구축된 사람은 같은 것을 읽어도 더 잘 이해 하고 더 빨리 배우고 갈수록 많이 배운다.

일론 머스크에게 배우는 탄탄한 스키마 구축하기

전기차를 일상화하고 보통 사람들을 우주에 보낸 성과는 일론 머스크가 다르게 생각한 결과다. 도대체 그의 머릿속에서 생각은 어떻게 일어날까 참 궁금했는데, 마침 그가 '아이디어를 만들기 위해 자료들을 어떻게 활용하는가'를 직접 설명한 글을 읽었다.[11]

"어떤 지식을 얻고 싶다면 '의미의 나무'를 활용하는 것이 중요하다. 몸통이 되는 기본 원칙을 이해한 후 큰 가지를 만들고, 그다음에 나뭇잎으로 가야 한다. 이렇게 하지 않으면 끝까지 매달려 있는 나뭇잎은 하나도 없을 것이다.

일론 머스크는 어떤 주제에 대해서든 배울 때 기초가 되는 지식을 찾아 읽으며 먼저 이해하고, 그런 다음 거기에서 파생되는 지식을 또 찾아 읽으며 보완하는 과정을 반복한다. 기본 지식의 토대 없이 지식의 높이를 쌓아갈 수 없다는 충고도 빠트리지 않았다. 빌 게이츠도 비슷한 조언을 한다. "어떻게 하면 책을 읽고 잘 기억하는가"라는 질문을 받고 그는 이렇게 답했다.

> "읽어도 머리에 남지 않는 이유는 내용을 조각조각 받아들이기 때문이다. 책의 지식을 더 잘 새기려면 머릿속에 대략의 큰 그림을 그리며 읽어야 한다. 이 밑그림은 지식의 조각들이 서로 어떻게 어울리고 연결되는지 이해할 수 있는 뼈대가 된다."

스키마는 콩나물을 키우기와 같다

읽는 힘을 키우는 일이 녹록지 않은 것은 스키마 때문이다. 다양한 경험과 텍스트를 입력한다 해도 그것을 제대로 읽어들일 스키마가 없으면 밑 빠진 독에 물 붓기와 같다. 그렇다고 포기하면 읽는 힘은 갈수록 부실해질 뿐이다. 스키마를 구축하려는 노력은 콩나물시루에 물을 주는 것과 같다. 콩나물시루는 밑바닥이 뚫려 있어 물을 아무리 부어도 다 빠져나가는 것 같지만 콩나물 뿌리에 한 방울씩 남아있는 물이 결국 콩나물을 키워낸다. 이처럼, 어렵사리 스키마의 맨 밑층이 쌓이기 시작하면 어느 시점을 지나는 순간 스키마가 스키마를 부르는 신비를 경험한다.

야나가와 노리유키柳川範之 도쿄대학교 교수도 《도쿄대 교수들이 지

적으로 가르친 사고의 연습》이라는 책에서 스키마를 쌓으려면 바다에
서 배양된 해초가 형성되는 과정을 먼저 상상하라고 권한다. 처음에
그물은 뻥 뚫려 있지만, 바닷물이 흐르면 해초가 점차 달라붙는다. 그
런 식으로 수차례 바닷물이 흐르면 해초가 그물을 덮어 촘촘하게 짜
인 섬유처럼 변한다. 이런 식으로 정보와 지식이 축적해 그 사람의 스
키마, 즉 '생각의 틀'이 된다.

　읽기를 촉진하는 스키마를 구축하는 단 하나의 방법은, 의외로 쉽
다. 우선은 읽자. 무작정 읽자. 다양하게 읽자.

편견은 없애고
질문은 만들며 읽어라

대학이 곧 소멸할 것이라고 한다. 구글, 마이크로소프트와 같은 기업들은 2020년 7월에 벌써 대학 졸업생을 더는 필요로 하지 않는다고 발표했고, 포천 100대 기업 중에도 대학 졸업장을 기피하는 기업이 절반이나 된다고 한다. 대학을 가든 가지 않든, 좋은 대학에서 박사를 하든 상관없이 이제는 배우는 능력이 진짜 실력이다. 세상이 너무도 빠르게 변하고 있어 그전에 배운 것으로 할 수 있는 게 거의 없다. 새로운 지식을, 새로운 현상을, 새로운 세상을 빠르게 배우는 것이 가장 중요하다. 배우는 능력은 지식을 받아들이고 이해하는 능력이다. 그러니 읽는 힘이 배우는 능력을 좌우한다. 읽는 힘이 대학 졸업장이나 박사 학위보다 우월해지는 세상이 곧 온다.

여기서는 그중에서도 비판적인 읽기에 관해 이야기하고자 한다. 누구나 글을 쓰고 그 글을 누구나 읽을 수 있는 요즘 같은 시대에 더 중요해진 능력이다. 온갖 글이 넘쳐나는 시대에 우리는 글을 읽을 때 주어진 내용을 아무런 의심도 없이 받아들이는 대신, 정보 제공자의 권위에 눌리는 대신, 합리적이고 논리적으로 내용을 분석하고 평가하며 읽을 필요가 있다. 이것이 비판적 읽기다. 비판적 읽기가 가능해야 가짜 뉴스와 거짓 정보에 휘둘리지 않으며, 자신의 의견을 논리정연하게 만들고 전하는 단계를 이어갈 수 있다.

주의를 기울여 읽기를 반복하다 보면 자신만의 비판적 읽기 방법을 찾을 수 있다. 지금 여기서 내가 쓰는 노하우를 공개한다.

쓰인 대로 읽기

비판적으로 읽으려면 쓰인 그대로 읽어야 한다. 강력한 사실을 바탕으로 세상을 정확하게 바라보는 방법을 이야기하는 책 《팩트풀니스》의 저자들은 정보를 제대로 이해해야 분석과 판단이 가능하고, 그런 다음에 비로소 추론하는 능력까지 나아갈 수 있다고 강조한다. 이러한 이해력을 높이려면, 사실이 아닌 느낌대로 정보를 인식하는 습관을 버려야 한다고 신신당부한다. 문장으로 표현되지 않은 행간의 의미까지 읽어내는 추론은 읽는 힘에서 가장 차원 높은 능력으로, 읽고 있는 내용과 내가 알고 있는 것을 통합해서 생각의 빈 곳을 논리적으로 채우는 작업이다. 그러니 눈앞에 있는 내용을 쓰인 그대로 읽지 못하면 추론 능력이 작동하지 않거나 오작동한다.

쓰인 그대로 읽기는 비판적 읽기의 시작이다. 쓰인 그대로 읽으려면 모니터보다는 종이에 출력해서 읽는 편이 훨씬 좋다. 밑줄을 그어가며 메모하고 소리 내어 읽으면 어림짐작으로 읽어 발생하는 오류를 최소화할 수 있다.

질문하며 읽기

미국 최고의 책 읽기 전도사 모티머 J.애들러_{Mortimer J. Adler}는 어떤 것이든 다음 네 가지 질문에 답해가며 읽어야 수준 높은 읽기가 가능하다고 강조한다.[12]

- 전반적으로 어떤 내용을 다루는 책인가?
- 특히 어떤 부분을 자세히 다루는가?
- 전반적으로 또는 부분적으로 그 내용은 맞는 이야기인가?
- 그 내용의 의의는 무엇인가?

질문하며 읽기는 책 내용에 주의를 기울여 살피게 한다. 쓰인 대로, 주장하는 대로 받아들이기보다 의심하며 읽게 한다. 이렇게 하면 글을 쓴 사람이 주장한 그대로가 아니라, 내 머리로 생각하며 읽게 된다. 나는 책 쓰기 수업을 할 때 예비 저자가 그동안 읽은 책을 점검하는 과제를 내준다. 이때 다음 세 가지 질문에 대한 답을 요구한다.

- 읽은 책은 무슨 내용에 관한 것인가?

- 그 내용이 누구에게 왜 필요한가?
- 책에서는 무엇을 어떻게 하라고 하는가?

스스로를 살피며 읽기

비판적으로 읽는 데 빠뜨려서는 안 될 것이 글을 읽는 자신을 살피는 것이다. 글을 읽는 동안 내가 무엇을 이해하고 놓쳤는지, 글을 읽으며 무엇을 알게 되었고 더 알아봐야 하는지 섬세하게 관찰한다.

비판적 읽기는 메타 문해력 그 자체다. 요즘 교육에서 화두인 메타인지는 내가 무엇을 알고 또 무엇을 모르는지를 구분하는 데서부터 배움이 시작된다는 내용이다. 무엇을 모르는지 알아야 그 부분을 공부해서 지식의 빈자리를 채워나갈 수 있기 때문이다. 메타인지의 연장선상에서 메타 문해력은 두 가지로 해석이 가능하다. 글을 읽으며 이것이 내게 필요한 정보인지 아닌지 분별해내는 능력과 함께, 글이 진짜인지 거짓인지 판별하는 능력이다. 잘못된 정보로 의사결정을 하고, 보고서를 만들고, 책을 쓰게 되면 비즈니스에서, 내 삶에서, 또 타인에게 편견을 주고 잘못된 선택을 하게 하는 악영향을 미칠 수 있다.

그러므로, 읽으면서 항상 글이 내가 이미 알고 있는 내용인지, 새로운 내용인지, 사실인지, 편향은 없는지 스스로를 살피고 점검해야 한다. 때로는 관련 자료를 더 찾아보고 보완하며 읽어야 한다.

진짜와 가짜 정보를
구분해내는 안목 키우기

미국 월스트리트에서 일하는 시각장애인. 이 수식어는 애널리스트 신순규를 가리킨다. 그를 소개받으면 다들 궁금해한다. 시각장애인이면서 시시각각 정보를 감별하는 능력이 기본인 애널리스트로 일하는 게 가능할까? 그가 직접 들려주는 대답은 훨씬 놀랍다.

> "증권의 장기가치는 객관적인 것들로 결정되지만 매일 쏟아지는 정보와 뉴스와 의견으로 인해 가격은 시시각각 오르내린다. 루머나 신빙성 떨어지는 뉴스와 의견을 아예 보지 않는다면 그것들 때문에 증권 가치를 불필요하게 계산하거나 불리한 매매를 하지 않을 것이다.[13]

그는 사람들이 시각을 통해 받아들이는 정보 가운데 실제로 도움이 되는 것은 그리 많지 않을 것이라며, 오히려 보지 않아도 되는 것을 거부할 자유를 자발적으로 포기하는 게 아닌가 하고 반문한다. 세계적

투자전문가 리처드 번스타인Richard Bernstein도 그를 거든다.

> "인터넷 확산으로 정보의 양은 많아졌으나 주식투자 실적이 과거보다 개선되지 않았다는 사실을 보면, 도처에 널려 있는 대부분의 정보는 소음noise인 경우가 많다."

소음과 진짜 정보의 구별은 '읽는 힘'에서도 핵심이다. 제대로 읽으려면 내 머릿속에서 정보를 걸러내는 필터가 제대로 작동해야 한다. 이 필터는 필요한 것은 취하고 그렇지 않은 것은 버리는, 필요한 정보 중에서도 옳은 것만 취하고 아닌 것은 버리는 안목과 감각으로 만들어진다.

뉴스는 덜 보고, 광고는 거르고

신순규는 주어진 자료가 아니라 필요한 자료를, 가공된 자료가 아니라 원본을 찾아 읽는다. 회사가 직접 하는 발표와 분기별 보고를 주의 깊게 보고 담당하는 분야와 관련된 공식적인 통계도 세심하게 들여다본다. 자료는 출처와 글쓴이가 믿을 만한가를 맨 먼저 살피고 나서 버리거나 읽는다. 뉴스보다 책과 전문지를 더 자주 보고 광고는 우선 걸러낸다.

난무하는 소음과 가짜들 사이에서 진짜 정보를 가려내는 안목과 감각을 기르려면 어떤 내용을 접하든, 사실인지 확인하는 습관이 중요하다. 퀸즐랜드 대학교 존 쿡John Cook 교수는 '가짜 뉴스 예방접종 수업'을 한다.[14] 체크리스트로 오보 예방하는 법을 배울 수 있는데, 어떤 내용이든 읽고 나서 다음 항목을 평가하면 된다.

1. 누가 그런 주장을 하는가, 자격은 있는 사람들인가? 그들은 어떤 이유로 그런 생각을 하는가?

2. 그 주장의 전제는 무엇인가? 그 전제에 허점은 없는가?

3. 애초에 내 단정은 무엇인가? 그 단정에 허점은 없는가?

4. 그들 주장을 뒷받침할 대체 가능한 설명은 무엇인가?

5. 그들 주장의 증거는 무엇인가? 그 증거를 대체할 수 있는 설명과 어떻게 비교할 수 있는가?

6. 판단을 내리기 전에 어떤 정보가 더 필요한가?

〈동아일보〉에서도 가짜 뉴스 여부를 체크하는 몇 가지 기준을 제공하는데, 사실이 아닌 정보는 다음과 같은 공통점을 보인다.

표현이 명확하지 않고 모호하다.

문장이 어색하고 오타가 잦다.

'공유해 주세요'라는 문구가 자주 등장한다.

레이아웃이 어색하다.

반복되는 문구가 많다.

읽는 방법은 다양하게, 편식하지 말라

나는 강연료를 받고 강연하지만, 내 강연으로 인해 가장 많이 배우는 이는 청중이 아니라 나 자신이다. 나는 읽고 생각하고 쓰기와 관련된 주제로 그룹수업을 진행하는데 이때도 내가 가장 많이 배운다. 돈과 시간을 투자해 강연을 듣고 수업에 참여한 청중이 정작 배움에서 연사나 강사보다 취약한 것은 배움의 속성 때문이다. 이러한 아이러니는 미국 행동과학연구소national training laboratories, NTL에서 발표한 러닝 피라미드를 들여다보면 금방 이해할 수 있다(102쪽 참조). 듣기만 하는 강의는 겨우 5퍼센트의 효과를 발휘할 뿐이다. 반대로 가르치기는 90퍼센트의 효과를 발휘한다.

나는 글쓰기를 잘 가르치기 위해 러닝 피라미드의 기법을 모두 동원해 배우고 연습하고 훈련한다. 효과가 작다고 해서 필요하지 않은 것은 아니다. 어떤 내용이 급하게 필요할 때는 암기해서 뇌리에 주입하기도 한다. 나는 다양한 방식과 방법으로, 여러 가지 도구를 동원하고

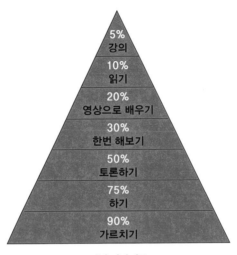

러닝 피라미드

매체를 망라할 때, 읽기 효과가 극대화되고 깊이 읽게 된다는 것을 경험으로 깨달았다. 그래서 많이 읽고 잘 읽으려면 하리브리드 읽기를 하라고 권한다.

하이브리드 읽기란

매리언 울프의 표현을 빌리자면, 하이브리드 읽기란 인쇄물과 디지털을 각각 제대로 읽어내는 '양손잡이 읽기'다. 각종 도구와 매체를 동원해 다양한 방식으로, 아무튼 많이 읽는 것이 하이브리드 읽기의 핵심이다. 읽고 보고 말하고 메모하는 식으로, 좋다는 방법을 섞으면 그중 어떤 것은 읽기 자체의 효과가 작더라도 다른 방법과 합쳐져 시너지를 내 읽기 효과가 극대화된다. 수단과 방법 가리지 말고 읽다 보면 많이 읽게 되고, 많이 읽어야 잘 읽을 수 있다.

하버드 대학교보다 입학하기 어렵다는 미국의 혁신학교 미네르바스쿨은 하이브리드로 운영된다. 기본 강의는 실시간 원격으로 이뤄지는데, 교수가 강의하는 것이 아니라 미리 제시한 자료를 읽고 준비한 다음 주제와 관련해 토론하는 식으로 진행된다. 이를 플립러닝flipped learning: 역진행 수업, 거꾸로 학습 등으로 불리며 학교에서 수업을 받고 집에서 과제를 하는 전통적 교육 방식과 반대로, 자료를 통해 사전 학습하고 강의실에서 토론과 과제 풀이를 하는 교육방식이라고 한다. 그런 다음 문화권마다 찾아다니며 배운 것을 실습한다. 온라인 교육과 대면 교육의 장점을 혼합해 성공한 방식으로 인정받았다.

많은 학습법 연구가 증명하듯, 읽는 힘을 기르는 방법은 어떤 특정 방법이 절대적으로 우세하지 않다. 오히려 좋다는 방법들을 조합하고 연결하는 편이 더 낫다.

• 디지털 읽기 + 종이 읽기

매체마다 고유의 장단점이 있다. 디지털 읽기는 빠르고 편하지만, 심층 처리 능력과 비판적 사고 기능을 저해한다. 따라서 디지털 읽기와 종이 읽기를 병행하면 각각의 장점을 취하고 단점을 메우기 좋다. 종이책을 보고 전자책을 보며 오디오북도 듣는 것이 좋다.

• 텍스트로 읽기 + 오디오로 읽기

콘텐츠는 다양하다. 깊이 읽어야 하는 것이 있고 훑어보기만 해도 충분한 것이 있다. 이런 이유로 짬짬이 읽고 몰입해서 읽고 유튜브처럼 다른 것을 하며 볼 수도 있다. 스마트폰만 있으면 되는 오디오북도 시간에 치이지 않고 읽을 수 있는 유용한 방법이다.

트위터Tweeter의 창업자 잭 도시Jack Dorsey는 하루 16시간 일하느라 책 읽을 시간을 따로 내지 못한다. 그 대신 출근길 8킬로를 달리며 오디오북을 듣는다.

• 좋아하는 방법 + 싫어하는 방법

인디애나 의대 밸러리 올로클린Valerie O'Loughlin 교수에 따르면, 학습자가 자기와 잘 맞는다고 생각한 방식으로 공부하든, 잘 맞지 않는 방식으로 공부하든 성적에는 별 차이가 없다고 한다. 자신에게 맞는 공부 스타일이 꼭 효과적인 것은 아니라는 이야기다. 읽기도 다양한 분야를 읽어야 스펙트럼이 넓어지듯, 읽기의 방법 역시 다양하게 시도해야 더 효과적이다.

• 픽션 읽기 + 논픽션 읽기

책을 읽는 사람들은 크게 픽션 파와 논픽션 파로 나뉜다.

언어학자 나오미 배런Naomi S. Baron은 디지털 트렌드 속에서 학교에서조차 시험용 단문 읽기만을 강조하고 긴 글 읽기의 중요성을 갈수록 소홀히 여기는 것에 큰 우려를 표한다. 아울러 어떤 문제의 핵심에 닿으려면 긴 형식의 글과 씨름할 수 있어야 한다면서, 비판적 사고와 성찰 등 인간의 고등한 인식 능력은 읽기의 과정을 통해서 개발되는 만큼 이를 위해 장문 읽기는 필수라고 조언한다. 그가 제안하는 긴 글 읽기 방법은 소설책을 읽는 것이다.

　내가 사용해본 바, 효과가 뛰어나다. 나는 평소에는 논픽션을 읽지만, 책을 쓰는 동안에는 픽션을 읽는다. 논픽션이 잘 읽히지 않을 때는 두세 권짜리 추리소설을 읽는다. 그러면 긴 글 읽는 습관을 되찾을 수 있다. 읽기를 좋아하기에 나는 수단과 방법을 가리지 않는다. 하루 꼭 한두 시간을 내서 책을 읽고 틈틈이 신문, 잡지, 인터넷뉴스를 본다. 운전할 때나 헬스장에서 운동할 때는 팟캐스트나 오디오북, 최신 뉴스를 듣는다. 매리언 울프의 표현대로라면 나는 양팔과 양발을 다 사용하는 셈이다.

종이로 읽는 데는
다 이유가 있다

2022년 12월, 한 지방 도시의 축산농협에서 금리 10퍼센트대의 적금 10억 원어치를 창구를 통해 판매하려는 계획을 세웠다.[15] 그런데 직원의 실수로 판매 창구는 온라인에서 열렸고 눈 깜짝할 사이에 판매액이 1,000억 원을 넘기자. 축협 측은 판매를 중단하고 고객들에게 일일이 읍소하며 해지를 요청했다.

2005년 일본의 도쿄증권거래소에서 한 주식중개인이 한 주당 61만 엔짜리 주식을 단 1엔에 61만 주 매도한다. 90초 만에 실수를 알아채고 주문을 취소했지만, 그새 수만 건의 주문이 체결되었다. 증권사는 주문을 책임지느라 4,000억 원대 손실을 봤다.

2018년 서울에서는 삼성증권이 우리사주 직원들에게 배당을 지급하는 과정에서 '주당 1,000원'을 '1,000주'로 잘못 입력하는 엄청난 일이 발생한다. 배당금을 받은 직원 가운데 21명이 즉시 500만 주를 팔아치우는 '사건'으로 번졌다.

이 모든 것은 업무를 처리하면서 잘못 읽어서 벌어지는 일이다. 노스플로리다 대학교의 트레이시 앨러웨이Tracy Alloway 교수는 머릿속의 기능 하나가 위협을 받으면 어떤 유능한 사람도 이러한 실수를 순간적으로 할 수 있다고 경고한다. 디지털 시대에 머리 쓰는 일은 자판 위 손가락으로 순간순간 실행되니 제한된 주의력을 섬세하게 발휘해야 한다. 우리가 주목해온 일머리 좋은 사람들은 질 좋은 주의력을 유지하기 위해 극도로 심플하게 생활한다. 이들은 집중해야 할 것이 그렇지 않은 것에 가려지는 것을 용납하지 않는다.

머리 쓰는 일은 주의력에 좌우된다. 일머리를 좌우하는 '질 좋은 주의력'은 주의 깊게 읽는 습관으로 길러지며, 주의해서 읽는 습관은 종이 읽기로 길러진다.

종이로 읽은 것과 모니터로 읽은 것의 차이

콘텐츠를 담아내는 디지털 기술의 발전이 눈부시지만, 우리 두뇌는 종이류의 전통적인 미디어와 친하다. 일본의 인쇄회사 돗판폼즈에서 실험해본 결과 컴퓨터 화면을 볼 때와 지면을 볼 때, 같은 정보라도 뇌의 작용이 달랐으며 지면으로 볼 때 정보를 이해하려고 하는 뇌의 기능이 더 강하게 작동하는 것으로 나왔다. 이는 많은 연구가 입증하는 결과와 같다.

레스터 대학교의 케이트 갈랜드Kate Garland 교수는 스크린으로 읽는 것과 종이 위에 쓰인 것의 차이를 연구했다. 연구 참가자의 절반은 컴퓨터 모니터를 통해 자료를 읽었고, 나머지 반은 노트에 정리된 내용을 읽었다. 기본적인 내용 이해도를 알아보는 시험에서는 두 그룹이 비슷한 점수를 받았지만, 정보를 다시 불러오는 방식에서 매우 큰 차이가 생겼다. 컴퓨터를 통해 강의자료를 읽은 사람들은 단순히 기억에 의지하는 반면, 종이를 통해 자료를 읽은 사람들은 해당 자료를 좀 더 깊고 빠르게 이해하는 것으로 드러났다. 갈랜드 교수는 이 차이가 종이가 더 나은 학습도구라는 증명이 아니라, 이용자들이 종이를 좀 더 영구적인 도구로서 보는 반면 온라인 기사는 일시적인 것으로 인식한 데 따른 차이라고 분석했다.

읽는 힘을 기르려면 종이로 읽어라

국정감사 자료를 종이 문서로 주지 않는다며 국회의원들이 반발한 일이 있다. 과학기술정보통신부가 보고 자료를 컴퓨터 파일로 제출해서 사달이 났는데, 디지털 전략을 총괄하는 부서에 대한 국정감사 현장에서 일어난 일이라 뉴스가 되었다.

카네기 멜런 대학교와 다트머스 대학교도 책·논문·신문 기사를 PDF 파일이나 픽셀로 읽을 때와 종이로 읽을 때 이해도를 비교하는 공동연구를 했다. 학생들을 두 그룹으로 나누어 한 그룹은 노트북 PDF 파일로, 한 그룹은 종이로 읽게 했다. 그 후 추상적인 질문을 했더니 노트북으로 읽은 사람의 정답률은 48퍼센트, 종이로 읽은 사람의 정답률은 66퍼센트로 나타났다. 한편 구체적인 질문에 대한 정답률은 노트북이 73퍼센트 종이가 58퍼센트로 나타났다. 연구진은 노트북 PDF로 읽는 사람은 구체적인 사항이나 정보를 잘 기억하고 종이로 읽은 사람은 글 전체 맥락을 짚고 추론하는 일이 우수하다고 결론을 내렸다. 카네기 멜런대의 제프 코프먼Geoff Kaufman교수는, 디지털 화면은 글을 읽을 때 맥락보다는 정보 그 자체에 집중하게 함으로써 시야를 좁게 만드는 것 같다고 평하면서, 이 때문에 디지털로 읽는 시간이 길어질수록 큰 그림을 보는 사고가 덜 발달한다고 경고했다.

다른 실험도 있다. 가상의 자동차 네 종류의 주행거리, 수리 서비스, 핸들링, 컬러 옵션 등 다양한 특징을 제시한 자료를 각각 종이와 모니터로 보여주고 가장 우수한 모델을 고르게 했다. 객관적 수치와 특징을 종합하면 특정 모델 한 개가 가장 우수하다. 그런데 자료를 종이로 읽은 사람이 그 모델을 고른 비율은 68퍼센트였고, 모니터로 읽은 사람은 43퍼센트였다. 연구진은 종이 자료를 비교 분석하는 것이 모니터로 하는 것보다 훨씬 종합적인 판단을 내리도록 하고 문제해결에도 나은 것으로 판단했다.

이러한 연구 결과를 종합하면 다음과 같은 결론에 도달한다.

디지털 시대 일머리가 요구하는 질 좋은 주의력은 종이 읽기로 키울 수 있다.

좋아하는 것만 읽게 만드는
디지털 콘텐츠의 함정

가끔 나는 인터넷 접속하는 일이 무섭게 느껴진다. 내가 좋아하는 뉴스, 내가 좋아할 만한 광고, 내가 자주 드나드는 곳의 정보만 골라 척척 대령하기 때문이다. 스마트폰이 보여주는 콘텐츠에 내가 싫어할 만한 게 없음에도, 내가 자초한 콘텐츠 편식이 두려워지는 것이다. 인터넷 알고리즘에 휘둘리고 휘둘리다가 아예 다른 방향이 다른 뉴스와 콘텐츠에는 눈도 돌리지 않게 되는 그런 결과가 뻔히 예측되기 때문이다. 아니, 지금도 이미 그렇게 하고 있기에 더 무섭다.

〈뉴욕 타임스New York Times〉의 IT 전문기자 파라드 만주Farhad Manjoo가 두 달 동안 뉴스 앱 끊기 실험을 했다. 트위터와 페이스북도 끊었다. 그 대신 종이 신문 네 가지만 매일 봤다. 실험 끝에 만주는 처음에는 너무 불편했지만, 인생이 바뀌는 경험을 했다고 말했다. 뉴스기계인 스마트폰을 끄니 목줄을 쥔 채 자신의 하루를 망치려 호시탐탐 노리던 괴물에게서 풀려난 것 같았다고 고백했다. 그는 "인터넷으로 기사를 읽는 바람에 우리는 정보를 선별해 처리하는 능력을 잃어버렸다"
며 안타까워하기도 했다.

만주처럼 뉴스앱 끊기 같은 실험을 해보지 않아도 내가 잃어버린 능
력이 무엇인지 실감한다. 인터넷에서는 같은 생각을 가진 사람들끼리
모여서 같은 의견만 주고받는다. 한쪽으로 치우친 주장만 가득하니
흑색선전에 쉽게 넘어가고 가짜 뉴스를 골라내는 데도 무뎌진다. 그러
다 결국에는 내 관심사로만 만들어진 거품에 갇힐 테고, 끼리끼리 모
여 치우친 정보만 편식하다 마침내 에코보그echoborg로 전락하리란 것
도 예측된다. 에코보그란 '생각과 말과 행동이 인공지능에 의해 결정
되는 사람'을 말하는 신조어.

이런 위험성을 가장 잘 아는 사람은 대중을 거품에 가두고 에코보
그로 만들어버리는, 알고리즘 기술을 만든 이들이다. 그들은 알고리
즘 기술로 엄청난 부를 축적했으면서도 정작 자녀들에게는 스마트폰
을 쥐여주지 않는다고 한다. 그래서 '스마트폰에 무심할수록 권력자'라
는 말도 생겨났다.

종이 신문으로 관심의 사각지대를 없앨 수 있다

나는 인터넷으로 뉴스를 보지만, 종이 신문을 끊지 않는다. 종이 신
문이 에코보그로 전락하는 것을 막아줄 방화벽이라고 믿기 때문이
다. 종이 신문을 읽으며 주의력을 질 좋은 수준으로 유지하면 읽는 힘

이 길러지고 알고리즘을 스스로 바꾸는 능력이 생길 것이라고 믿기 때문이다. 내가 좋아하는 것으로 만든 거품에 가려 외면한 목소리, 맘에 들지 않는다고 회피한 내용을 접하는 것만으로 알고리즘이 바뀐다. 뉴스만이라도 종이 신문으로 읽으면 나를 옭아매는 알고리즘에서 놓여날 수 있다.

종이 신문은 기사를 가려 읽을 수 없다. 원하든 원치 않든, 좋아하든 아니든, 선택의 여지 없이 보여주는 대로 봐야 한다. 이것이 종이 신문이 가진 가장 큰 장점이다. 종합 일간지는 지면마다 사회·정치·경제·문화·스포츠·종교까지 그날그날의 뉴스를 제공한다. 잘 차린 한정식 상차림처럼. 그날 치 신문을 처음부터 면면이 훑어보는 것만으로 관심의 사각지대가 줄어든다. 신문을 펼치면 사건이나 사고에 대한 맥락이 확장된다. 스마트폰의 작은 모니터로 볼 때는 알아차릴 수 없는 원인과 결과들이 가로세로 연결되어 눈에 쏙쏙 들어온다. 이렇게 매일 종이 신문을 읽으면 증폭된 내 관심사가 만든 새로운 알고리즘이 기술 알고리즘을 뛰어넘는 것 같은 신비를 경험한다.

읽는 힘을 키우고 싶다면 종합 일간지를 구독해보는 것을 추천한다. '언론고시'에 합격하고 제대로 훈련받은 기자들이 매일 만든 종합뉴스를 집 앞까지 배달해줄 테니. 물론 종이 신문도 이념의 알고리즘에서 벗어나지는 못한다. 진보와 보수신문을 구독해 비교해가며 읽으면, 한쪽에 치우치지 않고 기자들의 주장이 아닌 나의 객관적 시선에서 읽는 훈련을 하는 데도 좋다.

빈부의 격차가 없는 종이책

일본 쇼와 대학교 연구팀은 34명에게 A책과 B책을 종이책과 전자책 중 하나로 골라 읽고 내용에 관한 여러 질문에 응답하도록 했다. 그 결과 전자책을 읽은 경우가, 종이책을 읽은 경우보다 정답률이 낮은 것으로 나타났다. 책의 내용에 상관없이 종이책을 읽은 경우의 정답 수가 전자책 독서보다 더 많았다. 이런 연구 결과들이 가리키는 것은 '질 좋은 주의력을 키우려면 종이로 읽어야 한다'는 것이다. 메리언 울프도 읽는 힘을 기르려면 종이책을 읽으라고 단호하게 조언한다.

> "종이책을 읽으면 책을 읽는 동안 비판적 사고와 반성, 공감과 이해 등
> 으로 뇌에 '깊이 읽기 회로'가 만들어진다. 디지털 책 읽기는 이런 깊이
> 읽는 회로가 사라지고, 따라서 깊이 읽기의 결과물을 잃어버린다."

매리언 울프가 가장 우려하는 것은 한번 디지털 읽기에 최적화된 뇌 회로는 좀처럼 예전으로 돌아가려 하지 않는다는 점이다. 디지털 읽기에 최적화된 뇌는 더는 깊이 읽을 수 없기에 종이책 읽기로 질 좋은 주의력을 키워야 한다고 말한다. 이런 이유에서 세계적인 부자들이 없는 시간을 쪼개 종이책 읽기에 투자하는가 보다.

> "한때 무선호출기가 중요하고 바쁜 사람이라는 표시여서 갖고 싶은
> 1순위였다. 하지만 이제는 대면 접촉이 요트 같은 사치품이 되었다."

서던캘리포니아 대학교 조지프 누네스Joseph Nunes 교수의 말이다.[16)]
디지털 세계가 가속되면서 사치품도 바뀌었다. 나는 시간과 에너지를
들여 종이책을 읽을 수 있는 시간이야말로 최고의 사치라고 믿는다.
우리는 에너지와 시간과 돈을 들여 한 페이지 요약, 유튜브 요약 영상
등의 콘텐츠로 책 읽기를 아웃소싱하지만 부자들은 그 비싼 시간을
들여 책을 직접 읽는다. 심지어 그 책도 우리가 읽는 책과 다르지 않
다. 부자들은 더 좋은 집에 살고 더 사치스러운 음식을 먹으며, 더 고
급 옷을 입는다. 하지만 부자라고 해서 더 비싼 책을 읽지 않는다. 모
두가 똑같은 지식이 담긴 똑같은 책을 읽을 수 있다. 다만 부자들은 거
듭되는 독서를 통해 같은 책에서 더 많은 것을 얻을 수 있다. 그리고
이는 우리도 깊이 있는 읽기를 통해 충분히 가능하다.

쓰다 막혔을 때의
해결책은 읽기다

워런 버핏은 차고 넘치는 정보로 돈을 벌려면, 특정한 정보를 접한 후 투자를 결정했을 때 글로 써보라고 권한다. 정보를 제대로 읽었는지 정보의 이면까지 제대로 이해했는지를 파악하려면 글로 써봐야 명확해진다는 게 그 이유이다. 그에게 읽는 힘은 생각하는 힘이며, 생각하는 힘은 쓰는 힘으로 강화된다.

읽는 힘의 부재가 무서운 것은 생각하는 힘을 불구로 만들고 쓰는 힘을 무력하게 하기 때문이다. 나는 20년 동안 글쓰기 코칭을 하면서 이것을 똑똑히 목격했다. 제대로 읽을 줄 모르는 사람이 제대로 생각하는 것을 못 봤고 제대로 읽을 수 없는 사람이 제대로 쓰는 것도 결코 보지 못했다. 읽는 힘은 메타 문해력의 마중물이면서, 결과물을 내는 쓰는 힘을 좌우한다. 잘 읽지 못하면 잘 쓸 수 없다.

글을 쓰는 행위는 끊임없이 글을 읽는 행위를 수반한다. 첫 줄을 쓴 이후부터 쓰기는 읽기를 동반한다. 앞에 쓴 글을 읽어야 이어지는 문장을 쓸 수 있고 앞서 쓴 문단을 읽어야 뒤의 문단을 쓸 수 있다. 자신이 쓴 문장조차 제대로 파악하지 못한다면 그다음 내용이 제대로 쓰일 리 없다. 이런 식으로 쓰기 과정에서 읽기 실력이 제대로 발휘되지 못하면 무엇을 쓰고 있는지, 무엇을 써야 할지도 모르는 채, 문장 하나하나가 제각각 따로 노는 글을 쓰게 된다. 이런 글이 타인에게 잘 읽힐 리 없다.

여러분은 보고서나 논문 등을 쓸 때 거기에 담긴 내 주장을 설득하기 위해 무엇을 하는가? 아마도 유명한 사람들의 발언, 신문 기사, 데이터, 다른 책의 내용 등을 조사해보고 이를 인용할 것이다. 즉 외부에서 내가 읽고 수집한 자료를 활용한다. 자료를 입수하고 정리해서 내가 쓰는 글에 활용하려면 읽는 힘이 필요하다. 쓰는 행위는 이렇듯 읽기의 무한반복이다.

많은 언어학자들 또한 쓰는 힘은 읽는 힘에 좌우된다고 연구 결과로 증언한다. 고교 영어교사이자 독서운동가 메리 레온하르트Mary Leonhardt는 쓰기와 같은 고도의 언어 능력은 수년 동안 많은 책을 탐독해야 습득할 수 있다고 말했다. 많이 읽어야 복잡한 이슈나 복합적으로 구성된 텍스트를 이해하는 능력과 필체에 대한 민감성이 길러지고, 텍스트에서 어떤 부분이 중요하고 어느 부분을 대충 훑고 넘어갈 것인지 즉각 판단하는 전문적 식견을 갖출 수 있다는 것이다.

언어교육에 관한 한 세계 최고를 자랑하는 스티븐 크라센Stephen Krashen은 인풋이 충분하면 아웃풋은 자연스럽게 진행된다고 주장한다. 많이 읽을수록 쓰기에 대한 불안감이 적고, 읽는 과정을 통해 글을 잘 쓰는 스킬을 무의식적으로 습득해 쓰기를 자유자재로 할 수 있다고 강조한다. 또한 글을 잘 쓰는 데 필요한 문법·어휘·철자·발음 등 모든 규칙을 하나씩 익혀서 배우기에는 너무 방대하고 복잡하니, 책을 읽으며 문맥 속에서 단어의 뜻을 파악하는 방식이 훨씬 유용하다고 알려준다.

> "읽는 것은 좋은 글을 쓰는 데 필요한 훌륭한 문장력과 풍부한 어휘력,
> 고급 문법 능력, 철자를 정확하게 쓰는 능력을 키우는 유일한 방법이다."

프랑스 국립오페라단 주치의인 알프레드 토마티스Alfred Tomatis는 이렇게 말한다.

> "가수는 귀로 노래한다. 귀로 들을 수 없는 소리는 입으로 낼 수가 없다."

나는 오랜 시간 글쓰기 수업에서 이렇게 외쳤다.

> "쓰기는 읽기로 시작하고 읽기는 쓰기로 완성된다. 읽을 수 없으면 쓸 수 없다."

● 읽기가 주는 선물

어휘: 문해력의 기초. 말하기와 글쓰기의 연장이 되어 자유자재로 말하고 쓸 수 있다.

지식: 읽어서 이해하면 정보가 지식이 되어 머릿속 서랍에 쌓인다. 이를 언제든 꺼내 쓸 수 있다.

● 일머리 만드는 읽기

1. **다양한 분야를 많이 읽는다:** 땅을 깊이 파려면 넓게 파야 하듯, 지식도 넓은 분야를 섭렵해야 깊이 들어갈 수 있다.

2. **다양한 방법으로 읽는다:** 문해력을 키우려면 책이나 신문을 읽으라고 하지만 실제로는 블로그, 오디오북 등 다양한 매체와 분야를 섭렵하는 것이 가장 좋다.

3. **3줄로 요약한다:** 요약은 생각이 수반되는 읽기로, 글 전체를 재구성함으로써 그 글을 이해했는지 파악할 수 있다

4. **의심하며 읽는다:** 정보가 넘쳐나는 시대에 가짜정보, 필요 없는 정보를 선별하기 위해 비판적 시각으로, 항상 의심하며 읽어야 한다.

deep thinking

part 3

딥 씽킹

사려 깊게 생각하고 문제를 해결하는 힘

투자는 IQ 160이 IQ 130을 이기는 게임이 아니다. 투자에서 우수한 두뇌보다 중요한 것은 감정에 휘둘리지 않고 두뇌를 사용할 수 있는 능력이다.

워런 버핏Warren Buffett

기술의 시대
생각이 기술을 이끈다

요즘 성인들의 문해력 문제로 상징처럼 쓰이는 것이 '심심한 사과' '십분 이해' 같은 말들이다. 그런데, 이런 단어의 뜻을 몰랐다는 것 자체가 문제는 아니다. '심심한'이나 '십분'이나 흔하게 쓰이는 말들은 아니다. 대체할 말도 많지만, 그 상황과 분위기에서 그 단어가 어울렸기 때문에 사용했지, 누군가의 문해력을 평가하려고 사용한 것은 아닐 것이다. 이처럼 상황을 잘 분석하고 그 상황에 적절하게 활용하는 말과 글이 그 상황에 왜 쓰였는지 잘 파악해서 행간을 읽어내는 것이 지금 우리가 함께 읽고 논하는 문해력이다.

기업들은 인재의 조건으로 예외 없이 '창조적 사고'를 꼽는다. 똑같이 생각해서는 문제를 해결할 수 없다. 같은 문제를 가지고도 남다르게 생각한 사람만이 그 문제를 해결할 수 있기 때문이다. 그럼 다르게 생각하도록 생각하는 힘을 기르려면 어떻게 해야 할까? 이것이 우리가 두 번째로 논할 주제다.

내 글이 내 생각이고 나 자신이다

대학 입시의 논술 시험을 비롯해, 취업, 승진과 같은 인생의 중요한 승부에서 비판적이고 창조적인 사고는 당락을 결정할 중요한 요소다. 사고력은 정보와 지식을 빠르고 정확하게 파악하고 가공해 문제해결 아이디어를 만드는 능력을 의미하기 때문이다. 이러한 고차적 사고력을 평가하는 일차적 기준이 바로 언어 능력이다. 하버드 대학교에서 글쓰기를 가르치며 입사지원서 쓰기를 지도한 토머스 리처드가 증언한다. 업무에서 우수한 성과를 내는 이에게 두드러지는 것이 언어 능력이기 때문에, 기업들이 지원자의 언어 실력을 최대한 명확하게 측정해 그 사람의 미래가치를 판단하려 한다고 말이다.

여러분이 쓴 글은 여러분도 모르는 사이 여러분을 평가하는 기준이된다. 여러분이 쓴 글에는 일머리가 고스란히 드러난다. 여러분이 쓴글은 여러분의 현재가치는 물론 미래가치까지 한눈에 보여준다. 일과인생의 승부수인 언어 능력은 메타 문해력이다. 언어 능력은 메타 문해력의 작동 시스템인 읽고 생각하고 쓰기의 프로세스를 능수능란하게 사용함으로써 기를 수 있다.

> 메타 문해력은 타고난 하드웨어인 우리의 두뇌가 일머리에 적합하도록
> 작동시키는 소프트웨어다.

1부에서 나는 이렇게 선언했다.

일머리가 뛰어난 이들은 메타 문해력을 사용해 어떤 문제든 쉽고 빠르게 해결한다. 자동차 회사든, 인터넷 기업이든, 서비스를 제공하는 가게든, 혼자 일하는 프리랜서든, 일하는 현장 모든 곳에서는 메타 문해력은 문제를 쉽고 빠르게 해결하는 기본 프로세스다. 읽는 힘이 메타 문해력에 시동을 건다면 생각하는 힘은 메타 문해력을 본격적으로 가동하는 연료다.

첨단기술에 생각이 더해져야 문제해결로 이어진다

P&G 직원 케빈 애슈턴Kevin Ashton은 재고관리 담당이다. 한번은 립스틱 제품 하나가 날개 돋친 듯 팔리기 시작했는데, 공급이 받쳐주지 못했다. 생산 수량을 파악하니 전량 소진된 것은 아니어서, 분명 재고가 충분한 매장이 있을 텐데 그것을 파악할 수 없었다. 그는 사물 간에 인터넷으로 연결하는 사물 인터넷internet of thing, IoT 기술을 적용해 제품별로 재고관리가 한눈에 가능하도록 하는 아이디어를 개발한다. 립스틱에 무선 인식 칩을 부착하니 어디서 얼마나 팔리는지 바로 알 수 있어 생산성이 크게 향상했다.

기술이 발달할수록 창의적으로 생각하는 능력이 요구된다. 정보기술이 아무리 발달해도 사용되기 전까지는 의미가 없기 때문이다. 그리고 기술의 새로운 사용법을 개발하는 데는 창의적 사고가 필요하다.

그런데 이 창의성도 논리회로를 바탕으로 한다. 공유 서비스의 원조, 우버Uber의 창업자이자 CEO인 트래비스 칼라닉Travis Kalanick은 문제해결사로 불리는 것을 좋아한다. 문제해결사로 활약하는 과정에서 그가 가장 중요하게 여기는 것은 논리다.

> "모든 문제는 최고로 흥미롭고 나름의 미묘한 차이를 가지고 있다. 문제는 논리적인 아키텍처로 풀려고 노력해야 한다. 이를 바탕으로 향후 유사한 문제를 해결할 수 있는 시스템을 구축하고, 다음 문제로 나아간다."[17]

가령 그는 모바일 애플리케이션을 준비할 때 개별 기능에 대한 실제 데이터를 하나하나 짚어가며 논리를 점검한다. 온갖 수치와 도표를 훑으며 전제가 맞는지 물어보고 검증을 요구한다. 논리적 장애물을 완벽하게 뛰어넘으며 우버가 전진하게 하는 것이 자신의 역할이라고 믿는다.

창의와 논리가 전혀 다른 맥락인 줄 아는 사람에게 이 이야기가 의외일 수 있다. 그러나 기발한 아이디어도 탄탄한 논리가 바탕이 되지 않으면 실현 불가능하다. 그리고 실현되지 않은 것은 아이디어라 할 수 없다.

생각하는 힘의 토대, 논리적 사고력

인공지능과 자동화로 대표되는 미래 시대의 핵심 인재는 어떤 능력을 갖춰야 할까? 일본의 혁신가 오치아이 요이치落合陽一는 인공지능에 일을 시키는 능력이라고 일갈한다. 그는 인공지능과 함께하는 미래 세계에서는 자기 생각을 명확히 전달하는 능력이 훨씬 중요해지며, 이러한 능력의 기반이 논리력이라고 강조하고 또 강조한다.[18]

문제가 생겼을 때, 사람은 두 부류로 나뉜다. 문제를 빠르게 해결하는 사람과 문제에 먹히는 사람이다. 문제를 빠르게 해결하는 사람은 어떤 상황에서든 그에 필요한 아이디어를 척척 만들어낸다. 그러니 어디에서든 인정받고 높은 몸값을 받는다. 문제해결 능력이 뛰어난 사람은 의도한 대로 좋은 결과를 만들기 위해 의식적으로 머리를 쓴다. 논리회로를 가동해 현상이나 문제를 체계적으로 파악한다. 메타 문해력을 루틴으로 가동하기 때문에 문제해결의 속도가 빠르고 정확하다.

문제에 휘둘리는 사람, 문제를 해결하는 사람

소설가에게는 창의적인 생각, 즉 상상력이 가장 중요하겠지만 일머리에 가장 필요한 것은 논리다. 기획, 경영, 마케팅, 고객관리 등 기업 활동 전반에 걸쳐 요구되는 가장 기본적인 사고력이 바로 논리적 사고다.

인공지능과 자동화 기술의 발달로 고차적 사고를 할 줄 모르는 사람은 일터에서 밀려날 수밖에 없다는 경고가 요란하다. 코로나19 팬데믹으로 전에 없던 고약한 문제들이 출몰해 문제해결 능력과 창의력 등 고차적 사고가 더욱 필요해졌다. 고차적 사고력이란 다양한 정보를 사용해 문제를 해결하고 전혀 다른 분야를 섞어 융합하며, 정보를 조직하고 추론하는 등의 사고기술을 능수능란하게 사용하는 것을 말한다. 그리고 이 모든 것은 논리적 사고라는 토대 없이는 불가능하다.

일머리 좋은 사람들의 머리 쓰기 속성

퍼사도persado는 미국 인공지능 전문업체에서 만든 인공지능 카피라이터다. 퍼사도는 광고대행사를 제치고 글로벌 기업들과 계약을 따냈다. 빅데이터를 활용해 특정 단어나 구문이 잠재 고객과 잘 맞을지 판단하고 대규모 의사 결정 A:B 테스트를 거쳐 광고 카피를 만들어낸다. 퍼사도가 낙점되는 결정적 이유에 대해 퍼사도 측은 '논리성' 덕분이라고 공언한다. 광고 카피에 특정 단어를 사용한 이유를 데이터와 함께 설득력 있게 제시해서 논리적으로 이해시켰기 때문이라고 설명한다.

논리적으로 생각한다는 것은 이렇듯, 어떤 것과 다른 것 사이의 논리성, 즉 인과관계를 확인하는 작업을 말한다. 언급되는 내용 간에 논리성이 확보되지 못하면, 즉 논리가 탄탄하지 않으면 설득력 떨어지고 동조를 끌어내지 못하니 실행도 불가능하다.

세계 최고의 인재 그룹이라는 맥킨지앤드컴퍼니 같은 컨설팅기업에서는 신입 컨설턴트에게 논리적으로 생각하기부터 가르친다. 논리회로가 장착되지 않은 상태로 클라이언트의 문제를 해결하는 일은 불가능하기 때문이다. 맥킨지가 신입 컨설턴트에게 가르치는 것은 어떤 문제든 빠르게 해결하려면 상황-결론-이유라는 세 측면에서 생각하도록 논리회로를 장착하는 것이다. 무슨 생각이든 다음 세 가지만 챙기자. 논리적 사고는 여기에서 시작된다.

- 지금 어떤 상황인가?
- 무엇을 해야 하는가?
- 왜 해야 하는가?

결론부터 정하고
맞는지 검증하라

맥킨지앤드컴퍼니, 보스턴컨설팅그룹Boston Consulting Group , 베인앤컴퍼니Bain & Company는 세계 3대 컨설팅&전략 기업이다. 모든 기업이 그렇지만 특히 이 기업들은 생각하는 능력이 탁월한 사람들에 의해 유지된다. 보스턴컨설팅그룹의 일본 대표를 역임한 우치다 카즈나리內田和成는 조직 내에 훌륭한 성과를 거두는 사람은 문제를 발견하거나 해결책을 제시하는 속도가 빠른 사람이라고 말한다. 문제해결 능력을 일상적으로 발휘하는 컨설턴트들에게는 다음과 같은 공통점이 또 있다.

결론부터 내린다.

일을 빨리, 잘하는 사람은 결론부터 시작한다. 과학자처럼 의견이나 아이디어를 먼저 제시하고 이를 검증하는 식으로 일한다. 검증을 반복해 정확도를 높여간다. 이런 생각법을 가설사고라고 한다. 부자의 습성을 연구해온 자기계발 전문가 엠제이 더마코MJ DeMarco는 부자들도 무의식중에 가설사고를 한다고 주장한다. 그는 가설사고를 이렇게 설명한다.

"어떤 정보 중에서 가능성이 큰 결론을 상정해서 그것을 최종목적지로 의식하면서 검증을 반복해 가설의 정확도를 높여가는 사고방식."

생각하는 능력이 떨어지는 사람들은 어떤 일을 할 때 해당 업무와 관련된 전반적인 자료 수집부터 시작한다. 다방면으로 자료를 수집하고 수집한 자료를 분석해 결론을 내리는 순서로 일한다. 이것도 나쁜 방법은 아니다. 앞서 우리가 '읽기의 힘'을 이야기할 때, 많이 읽어야 생각하는 재료가 마련된다고 했다. 그런데 생각하는 능력으로 먹고사는 경영 컨설턴트들은 먼저 결론을 임의로 내고 그 결론을 검증하기 위해 자료를 수집한다. 수집한 자료를 조사하고 분석해서 결론이 타당하다고 인정되면 보고서를 작성한다.

문제 상황은 언제나 빠른 해결을 요한다. 이런 촉박한 상황에서 전자의 방법으로 했다가는 자료 수집과 분석에 시간이 너무 많이 들게 마련이다. 이보다는 가상의 해결책을 마련하고 검증을 통해 해결책을 택하거나 버린다. 이것이 컨설턴트들이 제한된 시간에 최상의 해결책을 얻어내는 프로세스다. 또한 논리적 사고의 과정에서 가장 우선시하는 것이기도 하다.

결과는 같아도 속도가 다른, 결론부터 시작하기

A사는 코로나19 팬데믹 당시 도입한 '코어타임 근무제'를 이후에도 계속 적용하고 있다. 그러기를 2년여, 코어타임 근무제로 생산성이 떨어진다는 보고가 잦아지자 대책을 마련하기로 한다.

이럴 때 대개는 직원들을 대상으로 코어타임 근무제 실행 이후 근무 패턴을 전수 조사하는 것부터 시작한다. 이 과정을 통해 문제를 발견하겠다는 발상이다. 하지만 이런 식으로는 시간이 너무 오래 걸려 전수 조사가 끝날 때까지 생산성 회복은 요원해진다. 코어타임 근무제의 병폐를 다룬 자료들을 살펴 임의의 결론부터 먼저 마련해야 한다. 그리고 이 결론이 타당한가를 검증한다. 검증 방법은 간단하다. 왜 그런 주장을 하는지 합리적인 이유를 제시하는 것이다. 결론과 이유 사이에 논리적 관계가 성립해야 한다. 이유는 타당한 근거로 뒷받침되어야 한다. 결론을 논리적으로 검증할 때도 일머리 좋은 사람들은 그들만의 비밀병기를 활용한다.

숨은 진짜 문제를 찾는
디자인 씽킹

일머리 좋은 사람들은 문제를 해결할 때 '디자인 씽킹'이라는 프레임워크를 활용한다. 디자인 씽킹은 아이디어 하나로 세상을 쥐락펴락하는 실리콘밸리에서 사용하는 아이디어 공식이다. '문제 찾기–문제 정의하기–아이디어 만들기–시제품(프로토타입) 만들기–테스트하기 + 피드백 받기' 순으로 진행해 타당한 해결책을 만드는 것이다.

디자인 씽킹은 제품이나 서비스를 만드는 데 특화된 공식이지만, 지

실리콘밸리에서 사용하는 디자인 씽킹

책 쓰기 수업에서 사용하는 디자인 씽킹

식을 만들어내는 데도 탁월하다. 나는 책 쓰기 수업을 하며 예비 저자들이 경험을 지식화하도록 도울 때, 디자인 씽킹 도구를 활용한다. '독자 불편 공감–문제 정의–아이디어 발상–기획안 만들기–콘텐츠 구성'의 단계로 진행한다. 디자인 씽킹 프로세스를 수도 없이 반복해 사용해본 결과 글과 책으로 담아낼 어떤 아이디어도 이 공식이면 만들어낼 수 있다고 누구에게든 자신 있게 권한다.

진짜 문제 찾기

하버드 대학교 데이비드 퍼킨스David Perkins 교수는 잘못된 사고는 대부분 논리의 잘못이 아닌 인식의 잘못에서 비롯된다고 말한다. 문제에 대한 인식이 잘못되면 논리가 아무리 훌륭해도 해답은 쓰레기일 수밖에 없다. 쓰레기를 넣으면 쓰레기가 나오는 것처럼.

논리적으로 생각하기의 첫 단계이자 문제를 해결하는 첫 단추는 문제 상황에 놓인 사용자(고객)를 살피며 그들이 해결해야 할 문제, 또는 미처 알아내지 못한 문제를 찾는 것이다. 문제는 겉으로 드러나기 마련이지만, 겉으로 드러난 문제가 진짜 문제가 아닌 경우가 의외로 많다. 문제 상황을 낳은 본질적 원인을 찾아야만 해결해야 할 문제를 특정할 수 있고 그래야 제대로 된 해결도 비로소 가능해진다.

고층빌딩에 엘리베이터가 처음 설치된 것은 19세기 중반. 미국의 오티스Otis라는 기업이 세계 최초로 고층 엘리베이터를 개발해 상업화에 성공했다. 하지만 엘리베이터의 속도가 느려 고객 민원이 끊이지 않았다. 이 상황에서 가장 효과적인 해결책 무엇일까? 엘리베이터 느린 속도를 개선해야 할 것이다. 그런데 그 당시의 기술로는 더 빠른 엘리베이터를 개발할 수 없었다. 그렇다면 해결 방법이 달리 없을까? 아직 아니다. 진짜 문제 찾기는 지금부터 시작된다. 민원이 발생하는 진짜 문제를 들여다보는 것이다. 문제를 어떻게 이해하고 특정하느냐에 따라 해결책은 달라진다. 단지 엘리베이터의 속도가 느린 게 불만인지, 엘리베이터 앞에서 사람들과 섞여 기다리는 게 불편한지, 엘리베이터 숫자가 충분하지 않아서 기다리는 시간이 더 길어지는 게 문제인지 원인을 하나하나 들여다봐야 한다.

이렇게 문제 상황을 깊숙이 들여다본 오티스의 한 직원은 엘리베이터 속도나 숫자에 관해서가 아니라 엘리베이터를 이용하는 사람의 문제로 인식을 바꿔보았다. 그리고 엘리베이터 내부에 거울을 설치하자는 아이디어를 냈다. 그랬더니 민원이 대폭 줄어들었다. 지금이야 엘리베이터를 기다리는 시간이나 이용하는 시간에 모두 스마트폰을 들여다보지만, 당시에는 엘리베이터에 설치한 거울을 들여다보며 고객들이 거울에 비친 모습을 점검하거나 화장을 고치거나 하면서 엘리베이터의 속도에 그리 신경 쓰지 않게 되었고, 고객들의 불만은 자연히 줄어들었다.

이처럼 문제를 어떻게 인식하느냐에 따라 문제해결에 직결되는 해결책을 만들 수 있다. 일머리 좋은 사람들은 문제를 해결하는 데 고수다. 해결해야 할 문제를 발견하는 데는 초고수다.

질문을 받으면
뇌의 '생각 스위치'가 켜진다

앞서 우리는 일머리 좋은 사람들은 결론부터 시작하고 그 결론을 증명해 설득한다는 사실을 살펴봤다. 그러면 이제 우리가 해야 할 일은 결론을 만들어내는 것이다. 잘 만든 결론은 곧바로 문제의 해결책이 된다. 문제를 제대로 인식하고 문제를 유발하는 본질적인 원인을 특정하면 다음 단계는 해결책 모색이 되기 때문이다. 일머리 좋은 사람들은 이 단계에서 질문이라는 방아쇠를 애용한다. 노벨경제학상을 수상한 심리학자 대니얼 카너먼Daniel Kahneman의 조언을 따라보자.

> "더 좋은 결정과 선택, 행동으로 이끄는 신중하고 공들인 인지 활동을
> 하려면 무엇을 왜 원하는가 질문하라."

질문기법은 혁신가들의 가장 중요한 자산이다. 혁신 전도사로 유명한 클레이튼 크리스텐슨Clayton M. Christensen에 따르면 혁신가들은 질문

중독자다. 폭넓은 질문을 통해 진짜 중요한 문제를 찾고 질문을 통해 해결책을 건진다. 질문하면 뇌는 마치 검색엔진처럼 내장된 정보와 지식을 인출하고 이 과정에서 뜻밖의 아이디어도 떠올린다. 우리의 뇌는 질문을 받으면 신경계가 저절로 자극되어 뇌세포가 자동으로 활동한다. 질문을 받으면 뇌는 무조건 대답해야 한다고 인식해서 자신도 모르게 대답이 튀어나오기도 한다.

미국 실리콘밸리를 '성공의 상징'으로 만든 비결은 창의력에 있고 창의력은 질문으로 작동한다. 혁신적 아이디어를 만드는 기업 아이디오 IDEO가 개발하고 구글과 페이스북 등 저명한 기업에서 활용하고 있는 혁신의 방아쇠가 바로 이 질문이다.

"어떻게 하면 될까?"
How might we(HMW)?

혁신적인 MRIMagnetic Resonance Imaging, 자기공명영상 제품을 만들어 큰 성과를 거둔 GE헬스케어의 엔지니어 더그 디츠Doug Dietz. 하지만 아이들이 MRI 앞에만 가면 겁에 질려 우는 바람에 의료진은 곤란에 빠졌다. 이렇게 유용한 의료기기가 아이들 앞에 속수무책이라니 황당하기도 했던 디츠는 실리콘밸리의 방아쇠를 당겼다.

'어떻게 하면 아이들에게 MRI 검사를 받게 할 수 있을까?'

이 질문을 품고 아이들을 관찰한 끝에 질문을 바꾼다.

'어떻게 하면 아이들이 MRI 검사를 즐기게 할 수 있을까?'

디츠는 이 질문에 답하기 위해 연구진과 아이디어를 짜냈고 그 결과 기기의 디자인을 바꿨다. 하얗고 거대한 검사기기를 모험의 장소로 변신시킨 것이다. 가령 MRI 촬영기기를 놀이공원의 해적선 모양으로 만들고 촬영기사나 간호사는 선장과 승무원 복장을 한다. 이렇게 하니 검사를 피하던 아이들이 앞다투어 검사받으려는 역전이 일어났다. '어떻게 하면 아이들이 MRI 검사를 즐기게 할 수 있을까?'라는 질문이 만들어낸 결과다.

엘리베이터 고객 민원을 해결한 오티스 직원도 이런 질문을 했을 것이다.

어떻게 하면 엘리베이터 이용할 때 덜 지루하게 만들 수 있을까?

혁신가들이 근사한 해결책을 만들 때 애용하는 질문이 하나 더 있다.

"만일 ~라면 어떨까?"
What if

예를 들면 이런 질문이 만들어진다.

'만일 엘리베이터 안에 거울을 달면 어떨까?'

'만일 아이들이 MRI를 놀이공원 해적선으로 생각하면 어떨까?'

질문과 동시에 기발한 아이디어가 머릿속에서 솟구칠 테고 질문이 끝나기 무섭게 시제품을 만들고 실험해보고 싶은 유혹이 일 수밖에 없다. 세계적인 디자인상을 끌어모으는 카이스트KAIST: 한국과학기술원의 배상민 교수도 '만일 ~라면 어떨까?' 질문을 애용한다.

"TV로 올림픽이나 월드컵 개막식을 볼 때 만약 내게 개막식 총감독을 맡긴다면 나는 어떻게 할까, 생각한다. 그러면 세밀하게 보게 된다."

시제품 만들고 테스트하기

해결책이 마련됐다 싶으면 결론으로 정리한다. 해결책을 한 문장으로 정리하면 간결하고 명확해진다. 일머리 좋은 사람들은 ITB기법이라는 도구를 사용한다. '만일 ~하려면 ~하라. 왜냐하면… if-then-because' 문장을 활용하는 방법이다.

만일 X 하려면 Y 하라. 왜냐하면 Z 하기 때문이다.

X라는 문제, Y라는 해결책, Z라는 이유를 동원한 문장공식을 이용

하는 것이다.

> 만일 엘리베이터 속도 관련 고객 민원을 해결하려면(X) 엘리베이터에 거울을 달아라(Y). 왜냐하면 고객들이 불편해하는 것은 속도 자체보다 엘리베이터 안에서 멀거니 있어야 하는 것이기 때문이다(Z).

> 만일 아이들이 MRI를 좋아하게 만들려면(X) 놀이공원 해적선처럼 꾸며라(Y). 왜냐하면 아이들이 의료기기인 줄 모르고 MRI를 이용하기 때문이다(Z).

'디자인 씽킹'에서는 이렇게 정리된 아이디어대로 시제품을 만든 뒤 테스트를 통해 피드백을 받아 수정하고 보완해서 제품이나 서비스를 완성한다. 논리적으로 문제를 해결하기에서 이 단계는 이후 도출한 해결책이 타당한가를 논리적으로 증명하는 절차를 밟는다.

논리적 사고는 촘촘한
증명으로 완성된다

논리적으로 생각한다는 것은 나의 주장이나 행위에 대해 상대로 하여금 수긍하고 납득하도록 설득하는 과정이 되기도 한다. 주장했으니 증명이 필요하고, 증명은 합리적인 이유와 타당한 근거를 제시하는 것으로 가능하다.

일하는 현장에서 문제가 생기면 이를 해결할 아이디어를 도출하는 일이 제일 시급하다. 하지만 그 아이디어로 관계자를 설득하지 못하면 일이 진행되지 않는다. 이 상태에서는 문제를 해결하기 위해 도출한 해결책이 주장에 불과하다. 왜 그 해결책을 끌어냈는지, 그것이 맞다고 생각하는 이유는 무엇인지, 해결책에 어떤 문제점이 있을 수 있으며, 그 문제점은 또 어떻게 해결할지 하나하나 구체적으로 증명해야 한다. 이런 과정을 통해 빈 곳을 메우고 오류를 고쳐 탄탄한 논리를 만들어야 한다.

논리적으로 생각하기가 더 쉬워지도록 도와주는 것이 논리회로다.

논리회로란 주장과 증명을 반복하며 논리를 만들어가는 경로다. 주장에 대해 논리적인 비약이나 오류가 없어야 하는데, 그 방법은 "왜 그렇게 해야 하는가(why so)?" "그래서 어쩌라는 건가(so what)?"라는 질문이 나오지 않도록 하는 것이다. 또 증명을 위해 언급된 정보가 누락되거나 중복되지 않아야 한다.

증명은 잘 정리된 데이터로 하라

이야기를 정리하면, 논리적 사고는 주장하기와 증명하기 두 단계로 이루어진다는 걸 알 수 있다. 주장은 명확해야 하고 증명은 상대가 이해할 만큼 충분해야 한다. 특히 신뢰성 있는 데이터가 많으면 많을수록 설득력이 높아지는데, 빠진 것이나 겹치는 것이 없어 전체를 파악하는 데 무리가 없어야 한다. 데이터가 많을 때는 한눈에 파악할 수 있도록 해야 한다. 비슷한 것끼리 구분하고 분류해서 그룹을 만드는 식으로 데이터를 구조화하면 짜임새 있게 정리된다. 다수의 데이터를 이렇게 정리하는 것을 맥킨지앤드컴퍼니에서는 미씨MECE, mutually exclusive and collectively exhaustive: 상호 배타적이고 합치면 완전함라고 부른다.

미씨는 "왜 그런 주장을 하는가" "그래서 어쩌라는 건가"와 함께 로직 트리logic tree를 구성한다. 이 작업 과정을 도표로 나타내면 마치 나뭇가지가 뻗어가는 모양이어서 이런 이름이 붙었다.

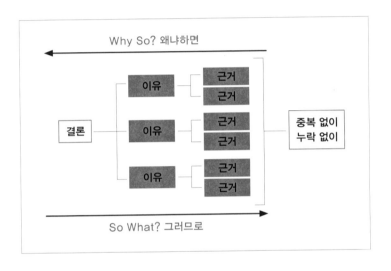

선행학습을 통해 논리적 사고의 핵심을 배웠으니 이제 논리적으로 생각하기 경로를 단계별로 하나하나 차근차근 실행해보자.

논리적 사고의 실행 3단계

'논리적'이라는 말만 들어도 부담스러워하는 사람이 많다. 논리적으로 생각하기, 이런 말이 들리는 순간 머릿속이 하얘지면서 아무 생각이 나지 않는다고들 하소연한다. '논리적'이라는 표현을 제대로 이해하지 못했기 때문이다. 나도 다르지 않았다. 대학에서 문학을 전공하고 여성잡지 에디터로 경력을 쌓는 동안 나는 그다지 논리적이지 못했다. 다양한 경험을 쌓는답시고 대기업에 경력직으로 입사하기 전까지는. 대기업에서 간부로 일한다는 것은 머릿속에 떠올리는 숫자 하나조차 논리적으로 설명할 수 있어야 한다는 것을 뒤늦게 알았다. 문학을 전공하고 잡지사에서 일하며 감성적으로 생각하고 표현하는 것으로 인정받던 내가 논리적으로 생각하고 쓰게 된 것은 그때부터였다. 업무를 알려주는 선배는 있지만, 업무를 잘하려면 논리적으로 생각해야 한다는 사실을 가르쳐주는 사수는 없었다. 혼자 공부하면서 알았다. 논리적으로 생각한다는 것은 어떤 생각이든 일리 있고 조리 있게 해나가는 것임을. 차근차근 접근하면 어렵지 않다는 것도 알았다.

영화 〈마션〉의 주인공 마크 와트니맷 데이먼 분는 화성을 탐사하던 중 홀로 남겨진다. 집으로 돌아가기까지 그는 탁월한 문제해결 능력으로 생존한다. 우선 먹고 살기 위해 감자를 키운다. 감자를 키우기 위해 자기 배설물로 거름을 만들고… 이런 식으로 하나하나 문제를 해결한다.

> "문제를 해결하고, 다음 문제를 해결하고, 또 다음 문제를 해결하다 보면 집으로 갈 수 있다."

영화 주인공의 말마따나 한 번에 하나씩 차근차근 생각하면 논리적 사고도 어렵지 않다.

논리적 사고는 다음의 단계를 따라 진행한다. 이는 논리회로가 작동하는 단계이며 이 단계별로 생각하는 습관을 들이면 어느새 논리회로가 뇌에 깔린다. 그러면 의식하지 않아도 논리적으로 생각하게 된다.

메타문해력을 키우는 딥씽킹 솔루션: 논리적으로 생각하기

선행학습을 통해 논리적으로 생각하기의 기본을 다졌다면, 이제 직장인 강도형 씨의 사례로 논리적으로 생각하기 케이스 스터디를 하면서 복습해보자.

일머리 있는 사람이 난제를 해결하는 법

30대 후반의 강도형 씨는 결혼 2년 차 직장인으로, 회사 근처 15분 거리에 신혼집을 마련해 출퇴근에 어려움을 모르고 지냈다. 퇴근길, 동료들이 버스나 지하철에서 녹초가 되는 동안 그는 일찌감치 집에 도착해 신혼을 즐겼다. 그런데 첫 결혼기념일도 지나기도 전에 출퇴근이 지옥길로 변했다. 회사가 그룹 사옥으로 입주했기 때문이다. 사옥은 강남에 있고, 매일 아침저녁 강을 건너 출퇴근하자니 여간 힘들지 않다. 출퇴근 시간이 전보다 2배가량 길어지니 일찌감치 퇴근하고 즐기던 취미도 운동도 할 수 없게 되었다. 무엇보다 나날이 탈진해 의기소침해졌다. 게다가 반년 후에 있을 진급 시험 준비도 해야 하는데 지금 상황으로는 가능할 것 같지 않다.

회사가 이전하는 바람에 신혼집을 마련할 때 최고로 꼽은 출퇴근 거리가 짧다는 장점도 사라졌다. 장점이 사라지자 아내는 오래된 아파트가 가진 온갖 단점을 들어 불만을 터뜨리기 시작한다. 이렇게 1년을

지난 도형 씨는 이대로는 계속할 수 없다는 결론을 내고 특단의 조치를 하기로 한다. 그리고 논리적으로 생각하기 스위치를 켰다.

논리적으로 생각하기 1단계: 입력

논리적 사고는 '결론'부터 시작하라고 했다. 거기에 필요한 질문은 "어떻게 하면 될까"와 "만일 ~라면 어떨까"다.

> 만일 회사를 옮기면 어떨까?
> 만일 프리랜서로 독립하면 어떨까?
> 만일 회사 근처로 이사하면 어떨까?
> 만일...
>
> 어떻게 하면 출퇴근 지옥에서 벗어날 수 있을까?
> 어떻게 하면 출퇴근 시간이 편할 수 있을까?
> 어떻게 하면 ...

이렇게 질문을 만들고 간략하게나마 그래야 하는 이유와 방법들을 떠올려 본 끝에 가장 그럴듯한 해결책을 특정한다.

> 회사 근처 새 아파트로 이사하자. 왜냐하면 출퇴근 문제와 낡은 아파트

문제가 한꺼번에 해결되기 때문이다.

도형 씨에게 이러한 해결책을 마련하는 것보다 더 큰, 실질적인 문제가 있다. 아내를 설득하는 것이다. 아내는 덜컥 이사했다가 회사가 또 이전하거나 남편이 이직하면 그 문제는 어떻게 해결하나 염려할 게 뻔하다. 게다가 현재 사는 아파트 매수자금의 60퍼센트를 장인이 마련해준 터라 장인도 설득해야 한다.

논리적으로 생각하기 2단계 ①: 처리

도형 씨는 자신의 해결책이 논리적으로 타당해야 아내와 장인을 설득할 수 있다. 해결책이 얼마나 논리정연한지 증명해보자.

먼저 "왜 그렇게 해야 하는가?"라는 질문에 대한 답을 통해 결론이 타당함을 입증한다.

> 결론: 회사 근처로 이사해야 한다.
> "왜 그렇게 해야 하는가?"
> (왜냐하면) 출퇴근에 3시간이나 소요된다.
> (왜냐하면) 출퇴근으로 탈진해 가족과 가까운 사람들에게 소홀하다.
> (왜냐하면) 승진 시험을 준비할 시간이 부족해 승진 탈락이 걱정된다.

이번에는 "그래서 어쩌라는 건가?"에 대해 자문자답한다.

결론: 회사 근처로 이사해야 한다.

"그래서 어쩌라는 건가?"

지금 사는 아파트를 판다.

회사 근처의 지하철역 바로 옆 새 아파트를 산다.

아직까지는 논리에 빈틈이 보인다. 회사 근처의 새 아파트로 갈아탄다는 결론이 과연 가능할까도 점검해봐야 한다. 새 사옥이 위치한 지역의 새 아파트는 매매가가 상당할 텐데 자금 계획 없이는 이 해결책이 효과 없다. 그러면 이사라는 결론도 무산된다. 아내의 지적대로 이사 사유가 또 발생할 경우에 대한 대책도 마련해야 한다.

그래서 이번에는 결론을 이렇게 바꿔보자.

결론: 회사 근처의 새 아파트로 이사한다.

"왜 그렇게 해야 하는가?"

"(왜냐하면) 회사 사옥이 위치한 서울 A동은 아파트 가격 인상률이 전국에서 최고이기 때문에 투자 가치가 충분하다. 게다가 지하철 노선 세 개가 지나는 초역세권이라 또다시 이사할 상황이 되더라도 대응할 수 있다.

"그래서 어쩌라는 건가?"

"회사에 대출을 신청한다. 사원대출의 경우 금리가 시중은행보다 훨씬 낮은 1퍼센트대, 퇴직금 담보로 바로 대출할 수 있다."

결론으로 제시하는 해결책이 타당하다면 결론과 이유 간에 논리적 관계가 성립한다. "왜 그렇게 해야 하는가?" "그래서 어쩌라는 건가?"라는 질문으로 논리를 검증할 때 의구심이 생기거나 믿음이 가지 않거나 알쏭달쏭하게 여겨지는 부분이 있다면 타당성이나 설득력이 떨어진다는 뜻이다. 그렇다면 도출한 결론, 즉 해결책이 처음부터 잘못되었거나 거론한 이유와 근거에 문제가 있을 수 있다. 논리적으로 생각하지 않았다는 뜻이다.

논리적으로 생각하기 2단계 ②: 해결책 정리

도형 씨가 새 아파트로 갈아타기로 결정하면서 자금 계획에 관한 부분이 빠졌다면 논리에 허점이 생겨 설득력이 떨어진다. 출퇴근이 힘들다는 이유만으로도 이사할 이유는 충분하지만, 실행할 방법이 없기 때문이다. 다행히 회사의 저금리 대출을 받아 매매차익을 보충해 이사하면 자산 증대로 이어진다는 해결책을 마련한 덕분에 아내의 동의를 받아내기 훨씬 수월해졌다.

해결책을 주장하는 데 이유와 근거가 중복되면 설명이 필요 이상으로 길어진다. 이사해야 할 이유 중에 지인들과 친목 다지는 시간이 부족하다는 내용이 포함된다면 이는 '출퇴근으로 탈진해 가족과 가까운 사람들에게 소홀하다'와 중복된다. 한편 중요한 이유나 근거가 누락되면 과연 문제가 해결될 수 있을지 의구심을 줘 상대가 이해하기 힘들다. 제시한 해결책에 중복되는 부분이 많으면서 정작 핵심은 빠진다면 여러분은 논리적이지 못하고 신뢰하기 어렵다는 인상을 준다. 회사 안팎에서 업무를 할 때 이런 식으로 처리하면 논리적이지 못함을 넘어 무능하다는 낙인이 찍히기도 한다. 이런 상황이 벌어지지 않도록 미씨를 기준으로 정보를 걸러내고 채우며 논리의 빈 곳을 메우자.

도형 씨의 문제를 로직 트리로 그리면 다음과 같다.

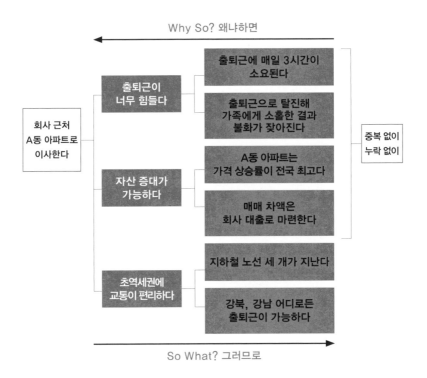

로직 트리는 문제해결 전반에 걸쳐 유용하게 사용된다. 현황을 파악할 때도, 원인을 분석할 때도, 방법을 찾아낼 때도 논리정연하게 생

각을 만들어갈 수 있다.

논리적으로 생각하기 3단계: 출력

무슨 일이든, 혼자서 하는 것은 대체로 불가능하다. 조직에서는 특히 중요한 일일수록 협업을 요한다. 조직에 속하지 않아도 일이 되게 하려면 다른 사람의 동조와 협력이 필요하다. 이를 가능하게 하는 것이 설득의 힘이다.

설득하는 자료를 만들 때 그 내용을 상대 입장에서 구성하는 것이 중요하다. 이럴 때 생각의 달인인 컨설턴트들은 피라미드 방식을 활용한다. 결론이 무엇인지, 그렇게 주장하는 이유는 무엇인지, 이제 무엇을 어떻게 하면 되는지—논리성을 구성하는 세 가지 요소(결론, 이유, 행동)를 피라미드처럼 차곡차곡 쌓아 보여준다.

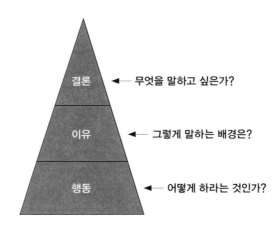

'하고 싶은 말이 무엇인가(결론)?', '그렇게 말하는 배경은 무엇인가 (이유)?', '이제 무엇을 어떻게 하라는 것인가(행동)?'를 묻고 이 질문들에 대한 답을 적어넣으면 논리가 탄탄한 피라미드가 완성된다. 결론과 이유, 행동이라는 피라미드 도식으로 생각하는 습관을 들이면 어떤 생각이든 논리정연할 수밖에 없다. 도형 씨가 아내와 공유하려는 내용을 피라미드로 만들면 다음과 같다.

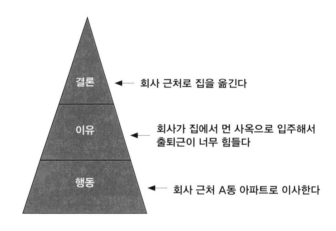

피라미드 뒤집기

온라인 소비자의 행동 패턴을 연구하는 닐슨노먼그룹Nielsen Norman Group은 콘텐츠를 만들 때, 독자가 내용을 끝까지 다 읽지 않아도 바로 요점을 파악하도록 가장 중요한 정보로 시작하라고 권한다. 이렇게 해야 한두 줄 읽는 게 전부인 온라인 소비자들에게 적합하다는 것이다.

피라미드 도식으로 정리한 생각은 논리정연하지만, 상대는 알아야 할 게 뭔지 더 궁금해한다. 이럴 때 피라미드를 뒤집어 보자. 그러면 빠르게 읽히고 쉽게 이해되는 메시지로 바뀐다.

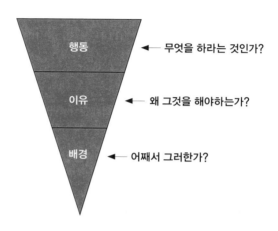

피라미드 방식이 결론-이유-행동의 순서였다면 역피라미드는 행동-이유-배경의 순으로 구성된다. 독자에게 요구하는 행동을 맨 앞부분에서 강조하고 이와 관련해서 독자가 더 궁금해할 내용을 추가로 쓴다. 이 순서는 독자가 알고 싶어 하는 순서다. 이런 순서로 내용을 구성하면 성미 급한 독자들도 놓치지 않을 수 있다. 끝까지 읽지 않아도 내용의 핵심을 파악할 수 있기 때문이다. 역피라미드 방식으로 내용을 구성하면 제한된 분량에 맞춰 내용을 줄여야 할 때도 거뜬하다. 덜 중요한 뒷부분부터 잘라내면 되기 때문이다.

역피라미드 방식은 가장 중요한 사실들을 맨 앞에 두고 덜 중요한 사실을 뒤로 보내 내림차순으로 나열하는 전형적인 기사 작성 스타일이다. 속전속결로 의사결정을 해야 하는 상황에서도 필수로 요구되는 소통 방식이다. 특히 모바일로 문서나 자료를 읽고 의사결정을 하는 상황에서 역피라미드 방식은 시간에 쫓기는 상사와 동료에게 크게 환영받는다.

도형 씨가 피라미드를 뒤집어 만드는 역피라미드 메시지는 이러하다.

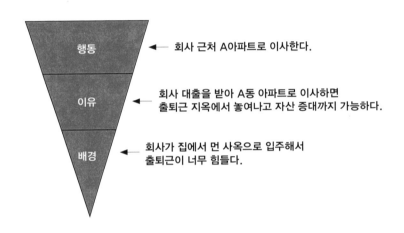

행동 ← 회사 근처 A아파트로 이사한다.

이유 ← 회사 대출을 받아 A동 아파트로 이사하면 출퇴근 지옥에서 놓여나고 자산 증대까지 가능하다.

배경 ← 회사가 집에서 먼 사옥으로 입주해서 출퇴근이 너무 힘들다.

논리적 사고를 완성하는 생각공식, 오레오 OREO

일머리 좋은 사람들은 맨땅에 헤딩하지 않는다. 생각을 머릿속에 그대로 둔 채 끙끙대지 않는다. 일머리 좋은 사람들은 생각할 때도 도구를 사용한다. 구조적으로 생각하도록 만들어진 프레임을 활용해 속전속결로 끌어낸다. 의도를 담아 미리 만든 틀에 생각과 정보자료를 끼워 넣어 결론이나 해결책을 만들어내는 것을 프레임 씽킹이라고 한다. 앞에서 살펴본 피라미드 방식도 논리적으로 생각을 구조화하는 프레임 씽킹의 한 방법이다. 프레임 씽킹은 빌 게이츠도 권하는 생각 만들기 방식이다.

> "당신이 넓은 시각의 프레임워크를 갖고 있다면, 거기에 당신이 수집한 정보를 끼워 넣을 수 있고 이렇게 하면 기억이나 사고에 큰 도움을 준다."

생각하기가 일이고 생각의 결과물을 상품으로 거래하는 생각의 달인들은 그들만의 프레임으로 생각한다. 그 프레임으로 무슨 생각이든 논리적으로 만들고 검증한다. 그것도 쉽고 빠르고 근사하게 말이다.

여러분에게도 이런 프레임을 선물한다. 앞서 소개한 3단계의 논리적 사고 경로를 한 번에 가능하게 하는 기적의 생각 공식이다. 하버드대학교에서 150년이나 가르쳐온 논리적 글쓰기 방식이자, 맥킨지앤드컴퍼니의 전매특허인 로지컬 씽킹 프로세스를 하나의 틀로 담아낸 오레오OREO공식이다.

4단계로 완성하는 논리적 사고

나는 오랜 시간 글쓰기 수업을 하며 논리적 사고를 버거워하는 사람들을 위해 오레오 공식이라는 프레임을 제공했다. 논리정연하게 생각하기가 필요한 어느 순간, 어느 장면에든 불러내기만 하면 되는 논리적 생각 공식이다. 이 공식 하나면 보고서 쓰기에서 SNS는 물론, 카카오톡 같은 채팅, 슬랙Slack이나 노션 같은 협업 도구, 이메일, 자기소개서 쓰기, 블로그나 페이스북 콘텐츠 만들기 등이 순식간에 가능하다.

오레오 공식은 네 줄로 구성된 생각의 틀이다.

O-R-E-O 네 줄이면 어떤 생각도 논리정연하게 구조화할 수 있는데, 문장식을 사용하면 더욱 쉬워진다.

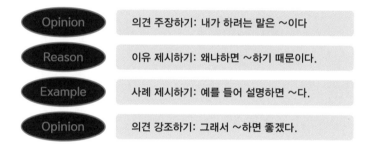

생각을 문장으로 표현할 때는 문장의 기본 성분인 주어, 서술어, 목적어를 갖춰야 한다. 그래야 생각이 명확해진다.

당신의 뇌에 논리회로를 장착하라

일머리 좋은 사람들은 어떤 일이나 장면에서든 무엇을what, 왜why, 어떻게how라는 논리 3요소를 갖춰 생각한다. 오레오 공식도 논리의 3요소가 갖춰지도록 살짝 변형하면 다음과 같다.

결론이나 주장을 명확하게 제시하고 합리적인 이유와 배경을 설명하며, 그 주장을 실행해 성과를 낼 방법까지 포함한 것이다. 문장식도 다음과 같이 업데이트된다.

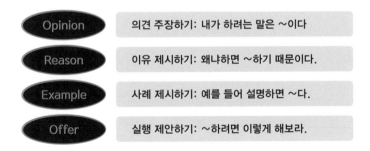

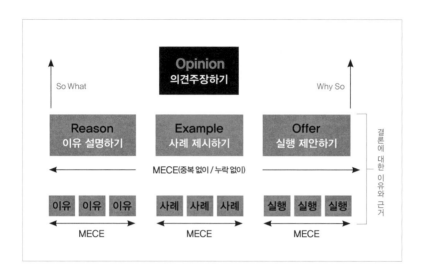

　오레오 공식을 습관적으로 활용하면 일머리 좋은 사람들처럼 뇌를 논리적으로 포맷할 수 있다. 위의 그림은 오레오 공식을 논리적 사고의 틀에 맞춰 이미지로 표현한 것이다. 우리가 앞서 연습했던 결론부터 제시하기와도 일맥상통한다. 즉 의견 주장하기가 결론, 그 뒤 세 단계는 결론을 증명하는 이유와 근거라고 할 수 있다.

남의 생각을 내 생각으로
착각하지 않기

어떤 사람들은 문제를 척척 해결하며 앞으로 나아간다. 어떤 사람들은 문제에 발목을 잡혀 끙끙대기만 한다. 일을 잘하는 사람은 생각하지만, 일을 못 하는 사람은 고민한다. 일머리가 있는 사람은 자기 머리로 생각하지만, 일머리가 없는 사람은 남의 생각만 쫓아다닌다. 생각하는 힘은 내 머리로 생각해야 길러진다. 여기서 생기는 가장 큰 오류가 남의 생각을 내 머리로 한 생각이라고 착각하는 일이다. 어떻게 하면 자신의 머리로 생각할 수 있을까?

해법 1: 묻기 전에 알아보기

자신의 머리로 생각한다는 것은 문제가 생겼을 때 우선 스스로 답을 찾아내는 것을 말한다. 어설프기 짝이 없더라도 '이게 답 아닐까?'

하며 궁리해보는 것이다. 글쓰기 수업에서 나는 질문에 답해주는 데 인색하다. 어떤 질문이든 먼저 되돌려준다. 예를 들어 이런 식으로 댓글을 주고받은 적이 있다.

"코치님의 책 254쪽 세 번째 줄에 '더 적확하게 쓰라'는 오타가 있습니다. '더 정확하게 쓰라'로 바로잡아야 하는 것 아닐까요?"

이런 질문은 '예, 아니요'로 간단히 답할 수 있다. 하지만 이렇게 되묻는다.

"혹시 '적확하게'라는 말뜻을 아세요? 사전 한번 찾아보시겠어요?"

그러면 질문자의 다음 대답은 이렇게 이어진다.

"찾아보니 적확하다는 '정확하게 맞아 조금도 틀리지 아니하다'라는 뜻이네요. 정확하다 보다 훨씬 강한 표현이네요."

질문을 받고 내가 '적확하다'가 맞는 표현이라고 답했다면 질문자는 사전을 찾아보며 확인하지 않았을 것이다. 그랬다면 '적확하다'는 어휘에 대해 이렇게 자세하게 배우지 못했을 것이다. 스스로 찾아본 답은 남이 알려준 답보다 더 오래 기억에 남는다. 내 것이 되는 것이다.

해법 2: 검색하기 전에 생각하기

도쿄대 총장을 지낸 고미야마 히로시小宮山宏는 연구를 잘하려면 두 가지를 하지 말아야 한다고 주장한다.

1. 검색하지 않는다.
2. 관련 논문을 읽지 않는다.

무언가를 시작할 때, 남들이 수행한 결과물을 먼저 접하면 그 사람이 생각한 틀에 갇히게 된다. 그 결과 자신만의 생각을 하기 어렵기 때문에 연구 전에 논문을 읽으면 다른 사람이 먼저 했으니 하지 말아야겠다고 포기하기 십상이다. 하지만 사회가 빠르게 변하는 데다 동일한 연구처럼 보여도 문제의식이 다를 경우 결과가 전혀 다르게 나타나기 때문에 다른 이의 결과물을 신경 쓸 필요가 없다고 강조한다. 그보다는 애초에 다른 논문을 읽지 않는 편이 더 좋다고 말한다.

요즘은 인터넷으로 검색한 결과들을 살펴보는 것으로 생각하기를 다 했다고 여기는 경우가 많다. 하지만 검색한 결과는 남이 생각한 결과다. 검색하는 것은 생각에 필요한 자료를 조사하는 행위에 불과하다. 찾아낸 자료들을 토대로 이제부터 생각해야 한다. 그리고 인터넷 속 타인의 생각 틀에 갇히지 않으려면 검색 전에 먼저 내 머리로 생각해야 한다.

해법 3: 논리성 점검하기

우리가 생각을 중요하게 여기는 가장 큰 이유는 생각이 잘 정리되지 않으면 말할 때 막히기 때문이다. 말로 누군가를 설득하고자 할 때 논리가 없으면 상대를 설득시킬 수 없다. 말하다가 오히려 자기모순에 빠지는 경우도 다반사다.

자신이 생각한 내용을 조리 있게 정리하고 그것을 상대에게 전하여 빠르게 이해시킬 수 있을 때, 비로소 내 머리로 생각하기가 완성된다. 여기에 필요한 것은 논리적 검증이다.

혁신기업 구글의
손으로 생각하는 방법

물리학자 리처드 파인먼Richard Feynman이 종이 위에 써놓은 많은 것들을 보며 주위에서는 '하루하루 한 일의 기록'이라고 말했다고 한다. 그러면 파인먼은 굳이 이를 바로 잡았다.

> "아니요, 종이는 기록이 아닙니다. 종이가 일하는 것입니다. 당신도 종
> 이 위에서 일하지 않으면 안 됩니다."

지식사회는 머리로 일하는 사람들의 세상이다. 그들은 어디에서 일할까? 사무실 책상 위? 우리 집 식탁 위? 공유 오피스의 테이블 위? 아니, 머리로 일하는 사람들의 일터는 머릿속이 아닐까? 일은 머릿속에서 하고, 파일이나 문서로 기록하는 것은 그 일의 결과물이 아닐까?

파인먼은 종이 위에서 일한다고 말한다. 머릿속에서 일한 결과를 종이 위에 기록하는 게 아니라, 아예 일 자체를 '종이 위에서' 한다는

거다. 에든버러 대학교 앤디 클라크Andy Clark 철학과 교수는 파인먼의 업적을 천재적인 성과라고 평가하며 그 비결을 "종이에 쓰면서 생각한 덕분"이라고 말한다. 클라크는 "인간의 사고는 머릿속에서 일어나지 않는다"면서 파인먼이 종이 위에서 일하듯, 생각을 머릿속에 두지 말고 끄집어내 눈에 보이게 작업하면 훨씬 더 나은 생각을 할 수 있다고 알려준다.

디지털 시대, 종이 위에서 일하는 사람들

머리 쓰며 일하는 사람들이 갖는 가장 큰 애로는 머릿속에서 무슨 일이 벌어지는지 모호하다는 것이다. 이때 펜과 종이를 오가며 생각들을 머리 밖으로 끄집어내면 일하기가 훨씬 편해진다. 과제수행력이 높아 회사에서 인정받는 사람들의 비결은 이처럼 보이지 않는 상황을 눈에 보이는 것으로 끌어내는 것이다.

이메일 중심의 인터넷 클라우드 서비스를 시작한 지메일, 전 세계에서 7억 명 이상이 사용하는 통합 브라우저 크롬, 월드와이드웹에서 가장 많이 쓰이는 검색 엔진⋯ 이토록 가치 있는 아이디어들을 만들어내면서 구글의 가치를 드높인 혁신팀 구글 벤처스의 이 같은 업적도 종이 위에서 손을 사용해 일한 결과다. 구글 벤처스는 이것이다 싶은 아이디어가 떠오르면 메모해서 일단 잽싸게 잡아두고 메모한 내용을 눈으로 보면서 파고들어 구체화한다. 구글 벤처스를 이끌었던 디자

이너 제이크 냅Jake Knapp에 따르면 그들의 작업은 머리 밖에서 다음 네 단계로 이뤄진다.[19)]

1. 종이에 뭐든 쓴다.
2. 쓴 것을 보며 생각을 굴린다.
3. 생각을 구성한다.
4. 시안을 만든다.

구글 벤처스는 머릿속 생각을 꺼낸 종이 위에서 손으로 일하는 방식으로 페이스북, 우버, 블루보틀Blue bottle, 슬랙, 에어비앤비 등과 진행한 혁신적인 프로젝트도 성공으로 이끌었다.

쓰면 쓸수록 생각은 구체화된다

《철학은 어떻게 삶의 무기가 되는가》의 저자 야마구치 슈山口周는 '고민하기를 생각하기로 착각'하는 것이 일머리를 가로막는 가장 큰 걸림돌이라고 말한다. 그에 따르면 손이 움직이면 생각하는 것이고 그게 아니면 고민하는 것이다. 손을 움직이지 않고, 즉 쓰지 않고 고민만 해서는 아무리 시간을 들여도 어떤 결론도 낼 수 없기 때문이다.

글로벌 기업의 혁신을 돕는 컨설팅기업 프로그Frog의 선임연구원 루크 윌리엄스Luke Williams가 주로 하는 일은 기업들이 거대한 잠재력을 지닌 기발한 아이디어를 고안하고 그것을 실현하도록 돕는 것이다. 많은 기업과 일하면서 가장 많이 듣는 '아이디어를 떠올려도 금방 증발해 버린다'는 고민에 대해 그는 이런 처방을 내린다.

"적어두세요."

창의적인 생각으로 기업의 혁신을 돕는 아이디오의 팀 브라운Tim Brown은 그토록 창의적인 성과를 쏟아내는 비결에 관해 단적으로 말한다.

"손으로 생각한 덕분이다."

팀 브라운은 머릿속의 생각을 종이 위에 써놓고 눈으로 볼 수 있게 만들면 그 길이 성공으로 가는 가장 빠른 길이라고 주장한다.

일머리 좋은 사람들이 논리적으로 또 창의적으로 생각하는 비법은 머리 밖, 즉 종이 위를 포함해 워드 파일 등 쓸 수 있는 곳 어디에나 메모하는 것이다. 또한 그들은 머릿속을 수시로 비우기도 하는데, 메모는 여기에도 좋은 방법이다.

일 잘하는 사람의 머릿속은 항상 비어 있다

코로나19 팬데믹 이후 머리만 출근하는 사람들이 많아졌다. 몸이 어디에 있든 더는 중요하지 않게 된 것이다. 일은 머릿속에서 하는 것이기 때문이다. 그런데 머리를 쓰라는 말을 머릿속을 창고로 활용하라는 뜻으로 오해하는 사람이 많다. 일머리 좋은 사람은 머릿속을 비우며 일한다.

> 7주간 이 과정을 이수하면 감정조절 능력이 높아진다. 자신감과 인간관
>
> 계, 업무능력도 좋아진다. 매년 400명 이상이 대기한다.

이 안내문은 구글이 2007년부터 도입한 사내 교육 프로그램 중의 하나인 '내면 검색'이라는 명상 프로그램에 관한 것이다. 나이키Nike, 구글, 애플, 골드만삭스Goldman Sachs, P&G 와 같은 글로벌 기업은 물론, 삼성, LG, 라이나생명보험 등 국내 기업도 사내에 명상시설을 운

영하거나 명상 프로그램을 진행한다. 스티브 잡스Steve Jobs, 링크드인 Linkedin의 제프 와이너Jeff Weiner, P&G의 A.G. 래플리A.G.Lafley 등 창조 와 혁신의 아이콘으로 대표되는 글로벌 기업의 리더들도 생활 속에서 명상을 실천하기로 유명하다. 명상은 어째서 이토록 강력한 힘을 발휘 할까? 머릿속을 비워야 하기 때문이다. 명상은 그저 아무것도 하지 않 는 게 아니라 머릿속을 비우는 행위다. 스마트폰을 초기화하기 위해 리셋하듯 머릿속을 아무것도 없었던 애초의 상태로 돌리는 일이 명상 이다. 명상은 머릿속을 비워 순도 높은 공간을 확보함으로써 더 멋진 생각을 하도록 유도하는 생산성 향상기법이다.

인간의 머리 용량은 한계가 있다

노벨경제학상을 받은 허버트 사이먼Herbert Simon은 우리가 올바른 결정을 내리고자 할 때 흔히 부딪히는 중요한 문제는 정보의 부족이 아니라 정보를 처리하는 우리 능력의 한계라고 지적한다. 정보를 처리 하는 능력이 달리니 정보가 넘쳐나는 시대에도 인간의 의사결정 능력 은 크게 향상되지 않았다고 일침을 놓는다.

머릿속 '생각 공장'이 의미 있는 작업을 하려면 많은 주의력과 에너 지가 든다. 만일 모든 자극에 반응하고 모든 정보를 받아들였다가는 주의력과 에너지가 소진되어 정작 중요한 작업을 할 때 투입할 여지가 없다. 판단하고 결정하고 행동하게 만드는 머릿속 생각 공장이 제 기능을 하게 하려면 한정된 주의력이 엉뚱한 일에 할당되어 소진되지 않도록 미리 준비해야 한다.

필요한 순간에 주의를 최대한 집중해서 생각 공장이 중요하고 급한 일에 최대한의 성능을 발휘할 수 있도록 머릿속을 정비해두어야 한다.

머릿속은 다용도실이나 냉장고가 아니다. 정보나 생각, 기억, 감정 등 필요하다 싶은 것들을 욱여넣어 보관하는 곳이 아니라, 생각을 가공하고 처리해 문제의 해결책을 만들어내는 생각 공장이다. 머릿속의 그 공장은 용량이 그리 넉넉하지 않다. 당장 필요 없는 정보나 고민거리, 밀린 과제들로 가득 차 있다면, 생각 작업을 하기가 꽤 불편하다. 머릿속을 정리한다는 것은 의미 있는 작업을 척척 해내도록 생각 공장을 준비시키는 일이다. 생각 공장이 의도한 대로 작동하게끔 머릿속을 메운 쓸데없는 생각과 데이터, 기억과 감정 같은 재고를 정기적으로 청소해주는 일이 꼭 필요하다.

생각을 튼튼하게 만드는
언어화 습관

'소형가전 분야의 애플'이라 불리는 일본의 가전 브랜드 발뮤다BALMUDA
는 주로 선풍기, 토스터, 커피메이커, 가습기 같은 제품을 생산하는
데, 발뮤다 상표가 붙는 순간 가격이 서너 배쯤 비싸진다. 혁신이 선물
한 성과다. 이 대단한 혁신의 비결이 무엇일까?

> "우리는 언어로 일합니다. 언어가 없으면 생각할 수 없으니 모든 발명품
> 은 언어에서 비롯됩니다."

이 회사 사장 데라오 겐寺尾玄의 대답이다. 가전기업인데도 직원들에
게 제일 많이 하는 말이 "우리 일의 핵심은 언어다"라고 전한다.

메이저리그에서 활약한 일본의 야구선수 스즈키 이치로鈴木一朗는
2001년 메이저리그 데뷔 첫해 242개의 안타를 치는 큰 성과를 거뒀다.
그는 242개를 어떻게 쳤는지 전부 설명할 수 있다고 말했는데, '행위

를 말로 표현할 수 있으면 재현할 수 있다'는 것이 그의 믿음이다. 스포츠카 디자인의 대부라 불리는 자동차 디자이너 세르지오 피닌파리나 Sergio Pininfarina는 디자인에서 가장 중요한 것은 그림 그리기가 아니라, 말로 콘셉트를 추리는 작업이라고 한다. 디자이너라고 하면 온종일 그림만 그리는 전문직이라고 생각하기 쉽지만, 디자인은 제품을 만들기 위해 의견을 집약하는 일이며 누가 무엇을 원하는지 명확히 하고 그것을 구체화하는 과정이 가장 중요하다고 강조한다.[20]

이 사례들을 인용한 이유는 생각하는 힘이 언어화하는 습관에 달렸음을 강조하기 위함이다.

단어, 어절이 아닌 문장으로 쓰라

언어화란 생각을 말이나 글로 표현하는 것을 말한다. 생각과 의견이 제대로 전달되지 않는다, 설명이 길다, 무슨 내용을 썼는지 이해하기 힘들다, 이런 문제는 생각을 언어로 표현하는 능력이 부족해서 발생한다. 글을 쓰는 데 오래 걸리고 쓰면 쓸수록 점점 내용이 꼬여 복잡해지는 것 또한 생각을 언어화하기가 서투르기 때문이다.

'생각의 언어화'는 생각한 내용으로 소통하기 위한 언어적 표현을 말하는 게 아니다. 머릿속에 드는 생각과 느낌의 실체를 확인하기 위해 언어로 표현하는 것을 말한다.

다시 말해 언어로 생각하는 습관이다. 머릿속에서 떠오르는 뭔가를 단어나 문장으로 변환해서 꺼내야 하는데, 간단해 보여도 처음에는 쉽지 않다. 단어만 나열해서는 나중에 생각이 무엇이었는지 헷갈릴 수 있고, 문장으로 쓰려면 글 쓰는 훈련이 되어 있지 않은 사람에게는 막연하게 느껴진다. 따라서 연습을 계속해서 능숙하게 몸에 배게 해야 한다.

생각을 언어화하는 연습을 할 때 지켜야 할 규칙이 있다. 서술형 문장으로 쓰는 것이다. 서술형 문장으로 생각하기는 아마존의 창업주인 제프 베이조스Jeff Bezos가 만든 아마존의 규칙이기도 하다. 그는 명확하고 구체적으로 생각하고 일하기 위해 모든 생각은 서술형으로 정리할 것을 요구했다. 서술형으로 생각하라는 그의 주문 1조 1항은 이것이다.

완전한 문장으로 쓴다.

문장sentence이라는 영어단어는 라틴어 '생각, 의견, 판단'이라는 뜻의 '센텐티아senténtia'와 뿌리가 같다. 이를 풀어보면 결국 문장 쓰기는 생각하기다. 문장을 읽으면 생각이 활성화되고 문장을 쓰면 그 생각이 명확하고 구체화된다. 문장을 통해야만 생각이 가능하다.

내 생각은
내 언어로 표현하라

개그맨 고명환은 최근 성공한 외식사업가로 불린다. 그는 자신의 성공 비결이 책을 많이 읽은 덕분이라며, 도서관을 '돈서관'이라 바꿔 부른다. 성공하려면 '돈서관'에 다니라고 주문하기도 한다.

생각이나 느낌을 언어화할 때, 그 언어는 내 것이어야 한다. 언어는 생각을 담아내는 그릇이므로, 내 언어는 내 생각을 담아내기에 적절해야 한다. 꼭 신조어를 만들어낼 필요는 없지만 굳이 다른 사람의 흉내를 낼 필요도 없다는 뜻이다. 고명환의 '돈서관'이 여기에 해당한다.

'낡고 오래된 것'을 중고품이라고 한다. 이것을 '빈티지vintage'라고 부르면 느낌이 확연히 다르다. 영국에서는 '프리러브드pre-loved'라는 말로 이전 소유자가 극진히 아낀 것이라는 의미를 담는다. 나 역시 '중고책' 대신 '읽은 책'이라고 표현한다. 새 책은 '읽을 책'이다. 읽을 책, 읽은 책이라고 표현하면 '내 책'이라는 느낌이 더욱 강해진다.

새해가 되거나 리더가 바뀌면 기업들은 새로운 슬로건을 만들어 경쟁자나 과거의 자신과 차별화를 강조한다. 생각은 언어로 구체화되기에 슬로건으로 목표를 향해 방향을 정렬하는 것이다. 그래서 일머리 좋은 사람들은 필요할 때 자기만의 단어를 만든다.

내가 생각한 아이디어라면 나만의 언어로 담아낼 수 있어야 한다. 그래야 온전히 '내 머리'로 만든 '내 생각'이 되는 것이다. 내 생각을 내 언어로 담는 능력을 기르지 못하면 남의 말을 입에 달고 살게 된다. 그러면 그 말에 담긴 남의 생각에 지배당한다.

내 말로 바꿔 보기

'더닝 크루거 효과Dunning-Kruger effect'라는 말이 있다. 검색하면 이런 설명이 나온다.

> 더닝 크루거 효과란 인지 편향의 하나로, 능력 없는 사람이 잘못된 판단
> 을 내려 잘못된 결론에 도달하지만, 능력이 없으므로 자신의 실수를 알
> 아차리지 못하는 현상을 가리킨다.

그런데 이렇게 표현하는 경우도 봤다. 미국 드라마를 보다가 들은 대사다.

> "누가 뭘 하는 걸 보고 그대로 할 수 있다고 여기는 것을 가리키는 심리

학 용어가 있어. 한마디로 본인을 과대평가하는 것이지. 아는 게 적을수록 자신이 잘할 수 있다고 믿는 건데, 더닝 크루거 효과야."

어떤 내용을 충분히 이해하고 내 방식으로 표현하면 후자의 설명처럼 쉽고 빠르게 전달된다. 생각의 언어화를 연습할 때, 내가 생각한 것을 나만의 단어로 표현해보자. 다른 사람이 그의 언어로 표현한 멋진 내용을 내 단어와 내 문장으로 바꿔보자. 내 언어로 다시 쓰는 연습은 내가 제대로 생각했는지 평가하는 방법이기도 하다. 내가 단어와 문장으로 담아내려는 내 생각을 제대로 이해했다면 다른 단어와 문장으로 표현하기가 어렵지 않다.

남의 글 흉내 내기

처음부터 나만의 문장을 쓰는 일은 쉽지 않다. 이럴 때 유명한 격언이나 광고 카피 같은 것을 흉내 내서 내 생각을 담는 연습을 해보는 것도 좋다.

그날의 피로는 ○○○로 푼다.

널리 알려진 광고문구를 다음과 같이 흉내 낸 문구를 보았다.

그날의 피로는 술로 푼다.

이 문구를 보고 나는 이렇게 내 문장으로 고쳐보았다.

그날의 피로는 글로 푼다.

광고문구를 흉내 낼 때는 내 생각을 전달하는 데 부족함이 없어야 한다. 예를 들어 글쓰기가 이런저런 이유로 피로를 푸는 데 적당하다는 내용이 그럴듯하게 뒷받침해주어야 흉내 낸 의미가 있다.

의심하지 않는 것은
생각하지 않는 것이다

미국 고용주의 93퍼센트는 비판적으로 사고하고 명확하게 소통하며,
복잡한 문제를 해결하는 능력을 원한다. 학부 전공은 상관없다.

　미국 대학연합회가 조사해 발표한 이 결과는[21] 고용주들이 선호하는 인재의 우선적인 조건이 비판적 사고라는 이야기다. 비판적으로 생각하는 사람은 내용을 검토해서 맞는지 아닌지, 실제로 유용한지 아닌지를 판단한다. 사실과 의견을 구별할 줄 알고, 어떤 주장을 살필 때도 논리적으로 빈틈이나 오류가 없는지 판단해 걸러내며 생각을 만들어간다.

　산호세 주립대학교 경영학과 교수 랜달 스트로스Randall Stross는 스탠퍼드대 졸업생 가운데 실리콘밸리에서 성공한 사례를 추적해 이 조사 결과에 힘을 보탰다. 그의 연구에 따르면 스탠퍼드대 졸업생은 '빨리 배우는 능력' '방대한 자료를 빨리 읽고 핵심을 정리하는 능력' '쉬운

커뮤니케이션' '비판적 사고력'과 같은 능력들로 실리콘밸리에서 성공한다. 스탠퍼드대뿐 아니라 세계적인 대학들은 모두 논리적 사고, 비판적 사고를 키워주기 위해 전력을 다한다. 미네르바스쿨에서도 '비판적 지성 함양'이란 목표를 전면에 내걸고 1학년 때부터 비판적으로 생각하도록 가르친다.

영국 옥스퍼드 대학교는 1,000년 넘게 비판적 사고를 가르쳐온 것으로 유명하다. 옥스퍼드대를 졸업한 도쿄 외국어대학교 교수 오카다 아키토岡田昭人는 자신이 옥스퍼드에서 배운 것은 '상식을 의심하기'였다고 회고한다. 학생들에게 비판적으로 생각하는 능력을 길러주기 위해 옥스퍼드는 교수와 학생이 일대일 면접을 통해 지식이나 이해의 폭을 넓히는 '튜토리얼tutorial' 방식으로 가르친다.

상식도 의심할 필요가 있다

비판적 사고는 직업 세계에서 아주 오래전부터 중시되는 능력의 하나다. 일하는 현장, 문제를 해결하는 과정에서 요구되는 빠르고 정확한 의사결정 또한 비판적 사고를 기반으로 하는 만큼, 각 대학의 MBAMaster of Business Administration: 전문경영인 양성을 위한 경영학 석사 과정에서도 가장 중시된다. 세계경제포럼이 해마다 소개하는 '일자리를 위해 필요한 상위 15개 기술' 가운데 비판적 사고는 늘 상위권에 위치한다.

부자, 권력, 지위 상승 등 원하는 모든 성공을 이루는데도 논리적 사고와 함께 비판적 사고가 요구된다. 투자의 제왕이라 불리는 워런 버핏은 "투자는 지능지수 160이 130을 이기는 게임이 아니다"고 말한다.

> "투자에서 우수한 두뇌보다 중요한 것은 감정에 휘둘리지 않고 두뇌를 사용할 수 있는 능력이다."

《리씽크》를 쓴 애덤 그랜트Adam Grant는 "예측가들은 똑똑한 게 아니라 한 번 더 생각하는 것"이라며 비판적으로 생각하기의 중요성에 방점을 찍었다. 더없이 불확실하고 모호하며 변덕스럽기 그지없는 시대의 한복판에서 문제를 발견하고 분석한 뒤 대안을 만들어 문제를 해결하는 능력은 일머리 좋은 인재의 첫째 조건이다.

비판적 사고가 전에 없이 중요한 자질로 대두된 것은 정보를 제대로 파악하지 못한 채로 의사결정을 내리면 기업이나 개인이 수습하기 어려운 실패를 겪거나 자원 낭비로 인한 생산성 저하라는 치명적인 결과를 얻기 때문이다.

거짓되고 편향된 정보가 난무하는 디지털 세상에서 처음 겪는 문제들을 빠르게 해결하려면 정보를 다루는 능력이 필수다. 쉽거나 왠지 구미가 당기는 정보 등 감에 의지해 단순하게 정보를 얻다가는 거짓 정보로 인해 잘못된 결정을 내리게 된다. 따라서 정보를 비판적으로 분석하고 검증하는 분별력을 갖춰야 한다. 분별력의 핵심은 정보 제공자가 누구든 정보 출처가 어떤 곳이든 상관없이 정보를 정보 자체로 평가하는 능력이다.

논리적으로 생각할 때도 비판적 사고력은 반드시 필요하다. 논리적 사고는 검증이 필요하다고 했는데, 아이디어, 데이터 등 정보가 타당한가를 검증하는 데 비판적 사고가 동원된다.

비판적 사고를 촉발하는
4가지 질문

혁신적 사고의 상징 일론 머스크는 사람들이 일반적으로 많이 범하는 실수로 희망적 사고를 꼽는다. 실제로는 전혀 그렇지 않은데 그렇다고 믿어버리는, 자기가 원하는 방식대로 믿고 그게 사실이라 여기는 것이 희망적 사고다. 그는 직원을 뽑을 때 비판적 사고가 가능한가를 제일 먼저 점검한다. 희망적 사고의 가장 반대편에 비판적 사고가 놓이기 때문이다. 그래서 채용 면접을 볼 때 이런 질문을 사용한다.

"인생(또는 커리어)에서 가장 어려웠던 과제가 무엇이었고, 어떻게 해결했는가?"

이 질문 하나로 구직자가 비판적으로 생각하는지 아닌지를 파악할 수 있다고 한다. 구직자 스스로가 자신과 자신의 역량에 대해 비판적으로 생각해야만 답변할 수 있기 때문이다.

비판적 사고는 생각을 만들어가는 것이기에 의도적인 방향으로 생각하게 만드는 촉진제가 필요하다. 질문은 이 경우에도 아주 유용한 방아쇠다.

'정말일까?'

의심에서 출발한 이 질문은 정보의 진위를 가리는 데 큰 도움이 된다.

'나는 왜 내가 믿는 것을 철석같이 믿는가?'

노벨물리학상 수상자인 아노 펜지어스Arno Penzias는 이 질문으로 비판적 사고의 함정인 억측의 덫을 피해간다. 자신이 가지고 있는 억측과 선입견이 그에 맞는 정보만 끌어당겨 위험한 판단과 잘못된 의사결정을 하는 것을 막기 위함이다.

'만일 내가 틀렸다면?'

시각장애라는 핸디캡에 지지 않고 월스트리트에서 애널리스트로 일하는 신순규는 이 질문의 도움을 받아 비판적으로 사고한다.

'그게 맞다면 나는 무엇을 해야 할까?'

어떤 새로운 현상이나 트렌드를 발견할 때 내가 애용하는 질문이다. '메타버스에 올라타야 한다'고 온 세상이 들끓을 때, 나는 외면하고 싶었다. 잘은 모르지만, 메타버스에서는 내가 잘하는 글쓰기가 통하지 않을 거라는 생각이 얼핏 들었기 때문이다. 그때 나는 이 질문을 불러냈다. "그게 맞다면 나는 무엇을 해야 할까?" 그러자 '그게 맞다면…'이라는 전제를 품고 생각 엔진이 돌기 시작했다. '메타버스에서 거품을 걷어내면 무엇이 남을까' 하는 생각이 일어났고, '메타버스도 결국엔 콘텐츠'라는 생각에 다다랐다. 내가 하는 책 쓰기, 글쓰기 수업이 결국은 콘텐츠를 설계하고 생산하는 능력을 키우게 돕는 것이니 메타버스 시대에 더욱 요긴하게 쓰일 수 있을 것이라는 결론에 다다랐다. 여기서 생각을 멈추면 희망적 사고의 덫에 빠질 것이다. 그럴 때 앞의 질문을 다시 불러내야 한다.

'정말일까?'
'나는 왜 내가 믿는 것을 철석같이 믿는 거지?'
'만일 내가 틀렸다면?'

미국 볼링그린 주립대학교 교수를 역임한 M. 닐 브라운M. Neil Browne은 기업체, 정부기관, 교육기관에서 비판적 사고력 향상을 위한 컨설팅을 수행해오면서 획득한 '논리적으로 비판하는 능력을 키우는 데 기여하는 10가지 유형의 질문 도구'를 소개한다.[22] 당연하게 보이는 주장이나 결론을 당연하게 보지 않으려면, 다른 사람들의 주장뿐만 아니라 자신의 주장도 비판적으로 점검해야 한다. 이때 필요한 질문 도구다.

- 이슈와 결론은 무엇인가?
- 이유는 무엇인가?
- 어떤 단어나 구절이 모호한가?
- 가치 가정과 기술적 가정은 무엇인가?
- 추론에 오류가 있는가?
- 증거는 얼마나 훌륭한가?
- 경쟁 원인이 있는가?
- 통계에 속임수가 있지는 않은가?
- 중요한 정보가 빠지지는 않았나?
- 어떤 합당한 결론이 가능한가?

누구나 할 수 있는 정보 수집
아무나 할 수 없는 정보 선별

"내 직업은 본질적으로 더 많은 사실과 정보들을 수집하는 것에 불과하
며, 간혹 이들이 행동으로 연결되는지 보는 것이다."

어떤 직업을 소개하는 누구의 말일까? 주인공은 워런 버핏으로, 그
는 직업적 투자자지만 자신을 '정보수집가'라고 소개한다. 그의 비즈니
스 파트너이자 공부하는 기계로 소문난 찰스 멍거Charles Munger도 마찬
가지다.

"산발적 정보로 훌륭한 결정을 내릴 수 없다. 넓은 아이디어와 넓은 분
야에서 지식을 얻어야 문제를 다른 각도에서 해결할 수 있는 능력이 생
긴다."

일머리 좋은 사람들은 예외 없이 데이터 수집가다. 회사 안팎에서

크고 작은 업무를 기획하고 진행하고 완수하기 위해 자료를 활용할 줄 안다.

그런데 요즘 자료를 수집하고 활용하는 데 가장 큰 문제는 자료의 부족이 아니라, 자료가 너무 많고 거의 모든 자료에 접근할 수 있다는 것이다. 인터넷에서는 무한히 많은 자료를 접할 수 있다. 너무 많아서 그 가운데 정말 내게 필요한 자료를 제때 빠르게 확보하고 활용하는 것이 결국 일머리를 가른다.

정보의 바다에서 길을 잃다

자료 수집이 쉽다는 것이 필요에 꼭 맞는 자료를 제때 바로 구할 수 있다는 뜻은 아니다. '쓰레기를 넣으면 쓰레기가 나온다'는 말은 자료 수집의 중요성을 단적으로 드러낸다. 거의 같은 키워드로 거의 같은 검색 경로를 활용하면 검색 결과도 거의 같다. 남다른 생각, 더 좋은 아웃풋은 인풋이 좌우한다. 생각하는 힘을 키우는 자료 수집 기술을 안내한다.

• **방향성 먼저 세우기**
못 보던 새로운 자료를 발견하고 취하는 작업은 꽤 기분 좋은 일이어서 수집해놓은 자료가 어느 정도 쌓이면 그것으로 다 된 듯한 착각을 일으킨다. 이런 오류를 예방하려면 자료 수집에 나서기 전에 방향성을 분명히 해야 한다. 수집 목표와 이유가 분명하면 필요한 것과 아닌 것, 우선해야 할 것과 부가적인 것을 구분하게 되고 좋아 보이는 것을 죄다 모아들이느라 시간과 에너지를 빼앗기지 않는다.

달랑 키워드 하나를 검색하기보다 '키워드＋하기'라는 문구로 검색하면 자료를 훨씬 풍성하게 만날 수 있다. 예를 들어 '메타 문해력'이 아니라 '메타 문해력 향상하기'로 검색하면 주파수가 확실해 관련 정보가 저절로 찾아오기도 한다.

• 긴 글 찾아 읽기

제한된 시간, 한정된 에너지를 최대한 활용해 자료 수집을 하려면 제대로 잘 쓴 한 편의 글, 한 권의 책을 읽는 것이 효과적이다.

플로리다 대학교의 옐로리스 더글러스는 경영대학원생을 대상으로 조사할 때 먼저 즐겨 읽는 글의 종류를 파악했다. 책인지, 기사인지, 웹 서핑하면서 읽는지, 일주일에 얼마나 글을 읽는지, 문학작품도 읽는지…. 그러고 나서 이들이 제출한 과제를 분석해 어휘력과 논리력, 어법 등을 평가했더니, 학술서적이나 수준 높은 문학을 읽는 학생들의 글쓰기 수준이 가장 높았다. 반대로 버즈피드Buzzfeed, 텀블러Tumblr, 잡지류의 가벼운 콘텐츠를 읽는 학생은 어휘력과 긴 문장을 구사하는 능력이 떨어지는 것으로 드러났다.

• 최신 자료 찾아보기

'하루 물 권장량 여덟 잔'이라는 금언은 건강을 위한 조언에서 빠지지 않았다. 그런데 2022년 12월에 이 권고가 잘못되었다는 연구 결과가 발표된다. '하루 물 권장량 = 여덟 잔(약 2리터)'은 1945년 전미연구평의회National Research Council, NRC의 식품영양위원회에서 처음 제시됐고 음식과 음료에서 섭취 가능한 수분까지 포함해서 한 사람의 하루 총 섭취량을 나타낸 것이다. 이것이 매일 물을 여덟 잔씩 매일 마셔야 한다는 내용으로 잘못 확산되었다는 내용이 〈사이언스Science〉지에 게재되었다. 새로운 연구 결과는 하루 물 권장량은 체질과 신체 활동, 기후 등 여러 요인에 따라 다르므로, 목이 마를 때 마시면 된다는 전문가들의 새로운 권고를 소개한다. 만약 다이어트 사업을 하는 여러분이 이 새로운 자료를 접하지 못한 상태에서 '살을 빼려면 하루 2리터의 물을 먹어야 한다'는 글을 쓴다면 이미 새로운 정보를 접한 소비자의 신뢰를 얻기 힘들다. 반대로 이 새로운 자료를 활용해 '다이어터에게 하루 2리터 물은 위험하다'는 식으로 몸 상태에 맞춰 물을 마셔야 한다는 내용을 쓰면서 새로운 연구 결과를 동원한다면 여러분은 전문성 확실한 사업가로 인정받을 것이다.

이처럼 자료는 가장 최근의 것이라야 정보로서 가치가 높다. 세상이 코로나19 이전과 이후로 나뉘는 만큼, 그 이전의 정보는 포스트 코로나 이후 세상에 활용하기 적합지 않다. 세상은 시시각각 변해서 어제는 맞고 오늘은 틀리거나, 어제는 틀리고 오늘은 맞는 것들 천지다. 따라서 어떤 자료를 취할 때는 언제 나온 자료인지, 최근 업데이트된 것은 없는지 반드시 확인해야 한다.

• 원전에 다가가기

나는 읽기와 쓰기를 다 잘하고 싶어 하는 사람을 위한 기초 연습으로 '따라 쓰기'를 권한다. 잘 쓴 텍스트를 주의 기울여 따라 쓰는 것만으로 읽기 능력을 기를 수 있고, 쓰기에 자신감이 생기기 때문이다. 10여 년 전에 이런 내용을 다룬 책이 나와 책을 읽은 이들의 따라 쓰기 연습 체험담이 SNS에 엄청나게 올라왔다. 그런데 체험 콘텐츠에 달린 댓글을 보면 놀랍다.

'이런 놀라운 방법을 알려주어 고맙습니다.'
'저도 ○○님을 따라 해볼게요.'

원전이 따로 있거나 출처가 따로 있으면 먼저 그것을 찾아보는 게 순서다. 그래야 전달하는 과정에서 생기는 오류를 피할 수 있다. 이 경우에는 따라 쓰기 연습법을 소개한 책을 찾아 해당 정보를 확인하는 것이 순서다.

체험담 콘텐츠를 만나면 나는 무조건 그 체험을 처음 전한 사람을 찾는다. 번역 출간된 책을 읽을 때 꼭 원래의 제목을 확인한다. 책 제목은 마케팅을 염두에 두고 정하는 경우가 많으므로 번역출간 하면서 본래의 의미가 변형되거나 왜곡되는 경우가 종종 있다. 원전을 찾아 제목을 확인하지 않으면 제목과 내용이 다른 것으로 오해할 여지가 크고 몰입에도 방해가 된다.

- **제값 내고 귀한 자료 접하기**

공짜가 가장 비싸다는 말이 있다. 여러분이 발견한 공짜 인터넷 정보는 누구에게나 무료이고 무한히 제공된다. 이런 공짜 콘텐츠에 시간과 에너지를 투입해봤자 경쟁력 있는 아웃풋을 내기는 힘들다. 일 잘하는 사람들은 가치 있는 콘텐츠에 기꺼이 돈을 낸다. 세계적인 작가인 유발 하라리는 믿을 만한 정보를 얻고 싶다면 그에 합당한 만큼의 돈을 지불하라고 권한다.

- **최고의 정보는 사람에게 구하기**

일본 잡지 〈편집회의〉는 베스트셀러를 기획한 100명에게 기획 관련 정보를 주로 어디에서 얻는지 조사했다. 요즘엔 '자료 수집＝검색엔진' 방식 일색이지만 이 조사를 한 2000년 12월에 인터넷으로 정보 수집하기는 3순위였다. 2순위는 관심 분야와 기획 분야에 관련된 책, 잡지 등 활자 정보를 읽는 것으로 나왔다. 1위는 사람을 만나는 것이었다. 네이버나 구글은 이 세상에 존재하는 정보를 찾기 쉽게 도와주지만, 온라인에 존재하는 정보에 한정된다. 온라인화되지 않은 채로 누군가의 내면에 존재하는 귀한 정보는 그 사람을 만나야만 구할 수 있다.

나는 아이디어를 떠올리다 막히면 해당 주제를 두고 수다 떨 수 있는 지인을 만난다. 그러면 막힌 아이디어가 뚫리고 새로운 아이디어로 업데이트되기도 한다. 국내에서 공부하고 일해온 나는 구글이나 애플 같은 기업에서 일하는 친구들을 일부러 만난다. 그들이 쓴 글이나 유튜브 콘텐츠로는 접할 수 없는, 내가 필요로 하는 정보들을 즉석에서 얻을 수 있기 때문이다. 인터넷 검색 엔진이 아무리 탁월해도 정작 요긴한 정보는 사람에게 있다.

- ### 정보 수집은 평소 습관으로

막상 정보가 필요할 때 찾아 나서면 누구나 접할 수 있는 것들에만 닿는다. 정보를 접하고 수집하는 습관이 들어야 눈 돌리는 곳마다 요긴한 정보를 발견할 수 있다. 즉 평소에 정보 수집 안테나를 항상 켜두고 새로운 정보를 찾는 습관을 들여야 한다. 그래야 필요할 때면 타이밍이 맞지 않아 찾지 못하는 정보들도 느긋하게 모을 수 있다.

너 자신을 알라, 그러면 일머리가 따라온다

트렌드가 시작되는 유튜브를 비롯해 영향력 있는 TV까지, 요즘은 고민을 들어주고 해결책을 알려주는 콘텐츠가 인기다. 육아부터 반려견, 살림살이에서 사업까지, 어떤 문제든 그 자리에서 속속 해결해준다. 분야의 전문가인 인플루언서들은 문제 상황을 쓱 보는 것만으로 원인을 콕 짚어내고 해결 방법을 척척 제시한다. 경영컨설턴트 오봉근은 이들의 비결을 메타인지가 뛰어난 덕분이라고 설명한다. 오봉근은 글로벌 컨설팅기업에서 일하며 만난 일머리 좋은 사람들은 하나같이 문제해결 능력이 뛰어난데 이 능력은 메타인지가 높은 사람들의 공통점이라고 말한다.

　나는 오봉근이 짚어주는 일머리 좋은 사람들이 발휘하는 종합적인 메타인지에 대한 설명을 들으며 하버드대 경영대학원 하워드 스티븐슨Howard Stevenson 교수가 말한 경주마와 야생마의 비유를 떠올렸다.

"경주마는 단순히 골인 지점만 보고 달린다. 그러나 야생마는 가야 할 곳이 어딘지, 피할 곳이 어딘지 끊임없이 생각하고 때로는 천천히 달리기도 한다. 경주마는 달리기 위해 생각을 멈추고 야생마는 생각하기 위해 달리기를 멈춘다."

무슨 일을 해야 하는가, 그 일을 왜 하는가, 어떤 결과물을 내야 하는가를 생각하고 나서 일에 착수하는 것이 야생마 모드다. 내가 그 일을 할 수 있는가, 내가 그 일을 하려면 무엇을 어떻게 준비해야 하는가, 내 업무 스타일을 고려할 때 결과물을 내려면 무엇에 주의해야 하는가… 야생마 모드는 끊임없이 질문한다. 그 결과 성과를 내고 일머리가 좋다는 평가를 받는다.

일머리에 요구되는 메타인지는 세 종류다. 일에 임하는 자기 자신에 대한 메타인지, 업무 자체의 절차적·전략적 지식에 대한 메타인지, 동료들의 입장을 헤아리는 사회적 메타인지 능력이다.

• **자기 자신에 대한 메타인지 능력**

자신이 하려는 일을 제대로 알고 있는지 파악하고 그 일을 잘할 수 있을지, 아닐지를 헤아리는 자기 인지 능력을 말한다.

• **업무 전반의 메타인지 능력**

일의 목적과 절차, 상황과 맥락을 파악해 전략적으로 일을 추진하는 업무적 인지능력을 말한다.

- 더불어 일하는 사회적 메타인지 능력

동료, 거래처 등 일을 함께 도모하는 사람들의 각기 다른 입장과 관점, 반응을 예측하며 일을 진행하는 사회적 인지 능력을 포함한다.

이 세 가지가 한꺼번에 또는 순차적으로 작동해야 목표한 결과를 내고 의도한 성과를 이룰 수 있다. 메타인지 능력은 메타 문해력의 기본임을 명심하자.

전체 그림을 볼 줄 아는 능력

여러분은 지금 창사 30주년 기념으로 진행되는 '자기계발 프로젝트 사내공모전'에 지원하려 한다. 1년 안에 달성 가능한 자기계발 계획서를 제출해서 선발되면 목표 달성에 필요한 시간과 비용을 지원받을 수 있다. 여러분은 '소문난 내향적인 성격임에도 영업직으로 꽤 괜찮은 성과를 낸 경험'을 책으로 쓰겠다는 계획을 담아 지원하려 한다.

여러분의 제안이 받아들여지려면 종합적인 메타인지 능력을 발휘해야 한다. 맨 먼저 여러분이 책을 쓰려는 동기와 책을 쓸 만큼의 필력, 자신의 경험이 책에 담아낼 만큼 의미 있는지 파악해야 한다(자기 자신에 대한 메타인지 능력). 이어 책을 출판하기 위해 알아야 할 절차적 지식과 책이 되는 원고를 만들기 위해 무슨 일을 어떻게 시작해야 하는지도 파악해야 한다(업무 전반의 메타인지 능력). 마지막으로, 비록 사내공모를 통해 얻어낸 기회라고는 하나 책 쓰기를 준비하는 동안 일부 업무에서 제외될 것이다. 이때 팀 성과에 지장이 있을 경우 팀장과 동료들의 반응을 예상하고 어떻게 대처할지도 생각해야 한다. 또 심사위원들이 회사 입장을 살펴 거뜬히 수용하도록, 자신의 계획을 논리적이고 설득력 있게 어필해야 한다(더불어 일하는 사회적 메타인지 능력). 이렇게 세 가지 메타인지 능력이 한꺼번에 발휘되어야만 회사에서 더 묻지도 따지지도 않고 여러분의 계획과 제안을 허락하고 수락한다.

상대방의 생각과 인지 흐름을 이해하고 활용하는 사회적 메타인지는 인공지능에 위협받지 않는 경쟁력으로도 꼽힌다. 미국인공지능학회에 따르면 인공지능 발전 가능성의 가장 후반부에 있는 것이 메타인지이며, 그중에서도 사회적 요인을 파악하는 메타인지는 인공지능 시대에도 오랫동안 인간 고유의 능력으로 남을 것이라고 한다.

자신이든 업무 지식에 관해서든, 또 사람에 관해서든 메타인지 능력은 성찰을 통해 기를 수 있다. 업무나 지식에 관해 성찰하기는 그중에서도 쉬운 편인데, 관련 도서나 자료를 읽고 그 내용을 말이나 글로 설명하고 쓰는 작업을 반복해서 만들 수 있다. 아는 것을 다른 사람에게 설명하고 피드백 받는 연습을 하면 금세 길러진다.

일머리 없는 사람은
일을 못한다는 사실을 모른다

서던메소디스트 대학교의 매튜 피셔Matthew Fisher 교수는 졸업생에게 자기 분야의 핵심 주제에 관해 얼마나 잘 이해하는지 판단하라는 주문을 했다. 예를 들어 물리 전공자에게 열역학에 대해 얼마나 잘 이해하는지 묻고 '잘 안다'고 답한 경우, 그것에 관해 써보라고 했다. 그랬더니 '잘 안다'고 한 주제에 대해 조리 있게 설명하지 못한 경우가 많았다. 이 연구는 모를수록 안다고 착각하기 쉽다는 것을 지적하며 이것이 아는지 모르는지조차 모르기 때문에 일어나는 현상이라고 짚어준다. 메타인지의 중요성이 여기서 확인된다. 자신이 아는지, 모르는지 구분하는 힘 말이다.

일하는 현장에서 메타인지 능력이 떨어지면 생산성이 현저하게 떨어진다. 할 줄 안다고 해서 일을 맡겼는데, 막상 할 줄 아는 게 없다거나 무슨 일부터 해야 할지 모른다거나 엉뚱한 결과물을 만들어오면 고스란히 자원 낭비로 이어지기 때문이다.

일머리는 지식이나 정보를 얼마나 많이 알고 있느냐가 아니라, 그것을 활용해서 의도한 결과를 만들고 기대한 성과를 낼 수 있는가 여부로 평가한다. 그러려면 하는 일, 해야 할 일, 해온 일에 대해 아는지 모르는지, 할 수 있는지, 없는지를 파악하고 있어야 한다. 한마디로 자기 자신에 대한 주제 파악을 명확하게 해야 한다.

그러면 어떻게 해야 주제 파악을 제대로 할 수 있을까? 메타인지 능력은 자기 자신을 돌아보며 반성하고 살피는 자기성찰을 통해 길러진다. 나를 제대로 들여다보고 평가해야 내가 그동안 무엇을 모르고 어떤 점이 부족했는지 깨달을 수 있기 때문이다.

일머리 탁월한 사람들의 메타인지 능력 키우는 비법

캐나다 맥길대의 낸시 아들러Nancy Adler 교수는 많은 경영자에게 이런 질문을 받는다.

"뛰어난 경영인이 되고 싶습니다. 어떻게 하면 될까요?"

아들러 교수는 단 하나의 비법만을 전수한다.

"저널journal을 매일 쓰세요."

아들러 교수는 글로벌 비즈니스 리더들과 함께 다년간 여러 일을 하면서 겪은 경험을 바탕으로 저널 쓰는 습관이 경영 능력 향상에 큰 도움이 된다고 장담한다.[23] 그가 매일 15분씩 저널을 쓰며 자신을 성찰하는 것만이 뛰어난 경영인이 되는 유일한 방법이라고 말하는 이유는 무엇일까? "리더는 독창적인 시각을 가지고 그것을 일상적인 의사결정과 의미 부여 과정에 녹여낼 수 있느냐 따라 성공이 결정되기 때문에 자기 자신만의 시각을 갖는 것은 창의력과 경쟁력의 중요한 원천"이라는 것이 그의 설명이다. 하지만 현실적으로 대부분의 사람은 내면의 목소리에 귀 기울이는 시간을 갖지 못한다. 그러므로 저널 쓰기 방법이 유용하다고 제안한다.

하루 한 페이지 쓰는 것만으로
창의력 창고를 채우는 법

저널이란 한 가지 주제에 관해 자신의 생각과 느낌을 쓰는 글을 말한다. 매일 쓴다는 면에서 일기와 유사하지만 일기가 그날 있었던 일들에 대한 단순한 나열이라면, 저널은 생각을 더함으로써 성찰을 요구한다. 매일 하나의 주제를 정해 생각을 만들고 글로 정리함으로써 자신의 내면을 섬세하게 바라보고 이해하고 알아차리는 능력을 키울 수 있다. 저널 쓰기는 규칙도 간단하다.

1. 매일 한 편씩 쓴다.
2. 하나의 주제에 관해 쓴다.
3. 3F 포맷으로 쓴다.

앞의 두 개의 규칙은 쉬우므로, 여기서는 3F 포맷에 대해 좀 더 자세히 살펴보겠다.

저널 쓰기는 사실 언급하기, 성찰하기, 의미 발견하기의 세 단계로 이루어진다.

- **사실 언급하기 Fact**

그날 하루에 경험한 것 중에서 기억에 남는 어떤 한 가지에 관해 쓴다. '오늘 이런 일이 있었다'는 문장으로 시작한다.

- **성찰하기 reFlect**

언급한 사실에 생각을 집중한다. 하루 중 있던 일 가운데 왜 하필 그 사실이 유독 기억에 남았는지 자문자답한다. 자문자답 과정을 그대로 쓴다. '그 일에 관해 이런 생각과 느낌이 들었다'는 문장으로 시작한다.

- **의미 발견하기 Find**

성찰 과정에서 발견하거나 언급한 사실에 대한 의미나 가치를 챙겨 쓴다. '그 일에 대해 이런 의미를 발견했다'는 문장으로 시작한다.

이렇게 세 단계로 저널을 쓰면 성찰에 필요한 생각을 빠뜨리지 않을 수 있다. 자기성찰 연습을 위해 쓰는 저널은 오직 자신의 내면과 대화하는 글이므로, 다른 사람이 읽는 것을 전제로 하지 않는다. 그러니 얼마든지 솔직하게 쓸 수 있다.

저널을 쓰는 것만으로 자기성찰 능력이 키워지게끔 설계된 워크시

트를 소개한다. [24)]

Fact | 팩트 쓰기: 기억에 남는 업무 관련 사실에 관해 쓰기
하루 중 수행한 업무 가운데 한 가지 사실에 관해 쓴다.

reFlect | 성찰하기: 사실과 관련해 성찰하기
　　　　　　 그 사실에 관해 생각, 느낌을 집중하기
특히 하루 중 있었던 일 가운데 왜 하필 이 사실이 기억나는지 자문자답한다.

Find | 의미 공유하기: 사실을 성찰한 결과 정리하기
사실에 대해 반성하거나 새로운 의미를 발견한 부분을 자세히 쓴다.

창의성에도 워크 저널 쓰기

"저는 18년째 저널을 써왔어요. 머릿속에 아이디어를 심는 거죠."

앞서 'what if 만일 ~라면 어떨까?'라는 질문으로 기발한 발상을 한다고 소개한 카이스트 배상민 교수가 밝히는 창의성과 통찰력의 뿌리는 저널 쓰기다. 20대에 디자이너로 일을 시작할 때부터 '만일 ~라면 어떨까?'라고 질문하고 나름대로 생각한 답을 저널로 썼다고 한다. 그에게 저널을 쓰는 것은 생각하기 그 자체로, 스스로 묻고 스스로 쓰기를 한 저널이 수십 권이라고 한다.

"저널에 기록된 내용 중 99퍼센트는 정답이 아니다. 내가 깊이 묻고, 깊이 생각하고, 깊이 답한 기록이다."

창의력과 저널 쓰기의 관계가 가진 잠재력을 익히 경험한 그는 카이스트 신입생들에게 평생에 걸쳐 아이디어를 보급해주는 창고가 되어줄 저널부터 쓰라고 권한다.

배상민 교수처럼 창의력을 키우는 저널 쓰기는 앞서 우리가 살펴본 3F와는 약간 다르다. 3W 방법을 사용하면 좋은데, '무엇을 어쩌란 것인가What' '왜 그렇게 생각하는가Why' '어떻게 하면 되는가?hoW' 이 세 항목에 걸쳐 쓰면 된다.

• 무엇을 어쩌란 것인가

'만일 ~라면 어떨까?' 질문을 던지고 이에 대한 답, 즉 해결책을 정리한다.

• 왜 그렇게 생각하는가

그 해결책을 낸 이유가 있을 것이다. 그 이유를 쓰고 대략이나마 이유를 뒷받침할 근거도 제시한다.

• 어떻게 하면 되는가?

해결책을 실행하는 방법을 쓴다.

아이디어를 하루에 한 개만 생각해도 1년이면 365개, 10년이면 3,650개가 된다고 한 배상민 교수의 말처럼, 3W 포맷으로 아이디어를 만드는 저널을 하루 한 편만 써도 1년이면 365가지나 된다. 이렇게 다진 발상의 힘을 누가 따라잡을 수 있을까?

저널을 쓰는 것만으로 창의력이 길러지게끔 디자인한 워크시트를 소개한다.

what	무엇에 관해 생각하는가?
why	왜 그것을 특별히 생각하는가?
how	그래서 어떻게 하면 되는가?

업무 성과,
쓰면서 생각하면 더 오른다

하버드대 경영대학원 교수 프란체스카 지노Francesca Gino는 일을 마칠 무렵 15분가량 그날 한 일을 숙고하는 시간을 가지면 업무 성과가 향상되고 원하는 경력을 만드는 데 큰 도움이 된다고 주장한다. 지노 교수는 실제 업무 현장에서 진행한 실험 결과를 근거로 제시한다.[25]

실험 참가자들은 특정 고객 계정에 관한 교육을 받는다. 교육생들을 세 그룹으로 나누어, A그룹에는 교육 기간 내내 마지막 15분에 그날 배운 교훈을 글로 쓰고 성찰할 것을 요구했고, B그룹에는 같은 성찰적인 글쓰기를 하되 동료 연습생과 함께 노트 작성에 관한 내용을 논의하는 데 5분을 더 할애하도록 했다. C그룹에는 교육 후 아무런 요구를 하지 않았다.

교육 종료 후 가진 평가에서 성찰하는 글쓰기를 한 그룹의 성과가 훨씬 좋았다. 단지 교육만 받은 C그룹보다 교육내용을 공유한 그룹의 성적이 23퍼센트가량 높았고, 글을 쓰기 전에 내용을 논의한 그룹은

C그룹보다 25퍼센트 더 높았다. 지노 교수는 누구든 성찰할 기회를 가지면 자기효능감이 향상되는 경험을 하게 된다고 설명한다.

"자기효능감이 향상되면 무언가를 성취할 수 있다는 자신감을 느끼게 되고 그 결과, 자신이 무엇을 하고 무엇을 배우는지에 더 큰 노력을 기울 이게 됩니다."

매일 업무 후 글을 쓰는 데 들인 15분의 시간이 장기적으로 성과를 20퍼센트 이상 향상할 수 있다면, 이보다 더 좋은 업무력 향상 방법은 없을 것이다.

일머리 키우는 워크 저널

그날 한 일을 되돌아보며 성찰할 때, 글을 쓰면 생각을 시각화해 더욱 깊은 성찰이 가능하다고 지노 교수는 조언한다. 경험을 글로 쓰는 방식이 효과적인 것은 뇌가 경험한 것을 '코드화'하기 위해 성찰할 수 있는 시간을 제공하기 때문이라고 설명한다.

하버드대 경영대학원의 테레사 에머빌Teresa M. Amabile 교수는 업무용 저널 쓰기가 일하는 사람들에게 매일 작은 승리를 안겨주는 것과 같다고 증언한다.[26] 에머빌 교수는 10년간 여러 기업의 구성원에게 받은 1만 2,000건의 워크 저널을 통계적으로 분석해 워크 저널 쓰기의 효과를 설명한다. 매일 워크 저널을 쓰면 그날 어떤 일을 얼마나 어떻게 수행했는지를 돌아보고 점검함으로써 일의 주도권을 유지할 수 있다. 의사 결정을 실행할 수 있는 필터를 제공해 의사 결정 피로를 줄이는 데도 도움을 준다. 그에 따라 중요한 일과 급한 일에 대한 우선순위를 정해 일하는 등 일머리가 향상된다. 또한 업무 중에 일어나는 불미스러운 일이나 업무 수행에 대한 평가 등 염려되는 상황을 글로 쓰며 해소할 수 있는 이점도 있다. 나아가 워크 저널에 담은 업무 성취도와 업무 시간, 피드백 여부 등을 데이터화해서 성과를 향상할 수 있으며 자신의 업무 스타일을 개선할 기회도 얻는다.

에머빌 교수는 워크 저널 쓰기의 효과가 극대화되는 몇 가지 주제도 챙겨준다.

- 오늘 배운 한 가지 교훈(또는 많은 교훈이 있다면)은 무엇인가?
- 오늘 또는 이번 주에 어떤 잠재적인 도전을 준비해야 하는가?
- 오늘 내 일에 대해 칭찬하거나 비판한 사람이 있는가?
- 구체적으로 그들이 뭐라고 했는가?(이 내용은 여러분이 임금 인상이나 승진을 요청할 때 여러분의 업적을 증명하기 쉽게 만든다)
- 요즘 직장생활이 어떤가? 그 이유는 무엇인가?
- 일하면서 여러분이 감사하게 여기는 것이 무엇인가?
- 오늘 여러분이 성취한 한 가지 큰 일은 무엇인가?
- 오늘 여러분의 경력을 가속화하는 데 도움이 되는 중요한 업무에 시간을 할애했는가?

- 오늘 기본적으로 해야 할 일 외에 어떤 일을 했는가?
- 이번 주에 할 일 목록의 우선순위는 어떤 기준으로 정하는가?
- 업무성과를 위해 개선하고 싶은 것은 무엇인가?
- 30-60-90일 목표를 어떻게 추적하는가?

틈새 저널 쓰기

생산성 코치인 토니 스터블바인Tony Stubblebine은 '틈새일기'라는 단어로 워크 저널 쓰는 것을 독려한다.[27] 그는 어떤 일을 하고 다른 작업으로 넘어갈 때마다 틈새 저널을 쓰라고 권한다. 지금까지 무슨 일을 했는지 간략히 적은 다음, 이제 또 무슨 일을 하려는지 메모하면 뇌가 하나의 일에서 다른 일로 전환하는 데 도움이 된다는 것이다. 틈새 저널을 쓰며 다음 할 일에 대한 마음의 준비를 하는 틈을 얻고 이 틈을 통해 미루는 습관을 없애며 다음 일에 바로 바로 몰두할 수 있다고 알려준다.

나는 책 쓰기 수업을 하며 책으로 쓸 주제와 관련한 생각과 느낌, 에피소드와 수집한 자료들을 소재로 먼저 저널을 쓰라고 권한다. 어떤 생각으로 자료를 모았고, 거기에 어떤 느낌을 받았는지, 자료들을 어떻게 이해하고 해석하는지 성찰한 내용을 저널로 쓰면 책으로 쓸 주제를 능수능란하게 다룰 수 있다. 이렇게 저널을 쓰면 책을 쓴다는 힘겨운 과업과 친해질 수 있고, 책에 담아낼 많은 내용을 미리 쓰는 효과도 있다. 실제로 나는 블로그에 매일 저널을 쓴다.

　나의 주된 테마인 읽고 생각하고 쓰기와 관련해서, 또 새로 쓰려는 책의 주제에 관해 하루 한 편씩 저널을 쓰며 생각을 정리하고 자료를 차곡차곡 쌓는다. 이 과정은 새로 쓸 책의 아이디어를 나의 내면에 정착시키는 데 아주 큰 역할을 한다.

몰입과 문해력의
상관관계

직장에서 또는 혼자 일하면서 최고의 성과를 내는 사람들은 무엇이 다를까? 세계에서 가장 영향력 있는 경영 사상가 중 한 명인 모튼 한센Morten Hansen은 5년간 직장인 5,000명을 조사해 그들만의 비밀을 찾아냈다. 똑똑하게 일하는 위대한 개인들은 무엇보다 중요한 일에 집요하게 매달린다고 한다. 이렇게 일하는 것을 실리콘밸리에서는 '딥 워크'라고 한다.

　머리로 일하는 사람들은 집중해서 일할 때 탁월한 결과물을 만든다. 수시로 주의를 빼앗기고 마는 습관이나, 여러 일을 동시에 처리해야 하는 환경에서는 생산성과 성과가 크게 떨어진다. 깊은 생각이 필요한 작업들이 파편화되고 얕은 생각으로 대충 처리되고 질 낮은 결과물이 나올 수밖에 없다. 더 큰 문제는 이런 식으로 건성으로 생각하는 방식이 습관이 되면 일머리는 갈수록 굳어지고 그로 인해 무능하다고 낙인찍혀 버린다. 이러한 비극을 막으려면 딥 워크를 해야 하고 딥 워크가 가능하도록 시간을 충분히 주어야 한다. 좋은 생각, 경쟁력 있는 아이디어를 만들려면 그만큼의 시간이 필요하다. 일머리 좋은 사람들은 스스로에게 이러한 시간을 선물할 줄 안다.

포커스 타임으로 딥 워크

머리로 일하는 사람들의 생산성은 출근하느냐 아니냐, 비대면이냐 대면이냐가 아니라, 의미 있는 과업에 시간을 얼마나 쏟고 몰두하느냐가 좌우한다. 4차 산업혁명 시대라 불리는 지식사회를 살아가는 개인의 강력한 무기가 딥 워크를 해내는 능력이다. 생각하는 힘으로 영향력을 발휘하고 있는 이들은 이미 딥 워크를 할 줄 아는 것이다.

빌 게이츠는 1년에 두 차례 생각 주간을 갖고 외부와 접촉을 차단한 채로 그만의 딥 워크를 한다. 우리에게 잘 알려진 세계적인 자기계발서들도 저자들의 딥 워크에 따른 결과물이다.《후회의 재발견》등의 저서로 잘 알려진 다니엘 핑크Daniel H. Pink는 매일 아침을 딥 워크 시간으로 정해 500자를 쓰기 전에는 다른 어떤 일도 하지 않는다. 이메일이나 전화도 금지한 집중의 시간을 갖는다. 애덤 그랜트 교수는 강의나 관리 관련 업무를 덩어리로 묶어 특정 시간에 배치한다, 그리고 남은 시간 동안 책이나 논문 집필 같은 지적인 활동에 집중한다. 심리학자 대니얼 골먼Daniel Goleman은 자신의 주의력을 다스리는 집중력이 미래의 핵심기술이라고 강조한다.

이들은 성과를 내기 위해 짬짬이 집중하는 게 아니라 그 시간에 필요한 만큼의 덩어리 시간, 포커스 타임을 마련한다. 실리콘밸리에서 머리로 일하는 개발자들에게 널리 알려진 '포커스 타임'은 2시간 이상의 중단 없는, 작업이나 프로젝트를 수행하고 집중하기 위한 두루마리 시간이다.

포커스 타임은 뛰어난 일머리를 요구받는 직장인에게도 필수다. '지식근로자'라는 개념을 만든 경영사상가 피터 드러커Peter Drucker는 지식근로자들에게는 충분히 생각하고 파고드는 시간이 필요하다고 강조했다. 보고서를 작성할 때 초안을 잡는 데만 최소 6시간에서 8시간이 소요되는데, 그 일을 하기 위해 한 번에 15분씩 하루에 두 번 할애해 14일간 총 7시간을 들이는 것은 아무런 의미가 없다는 것이다. 그렇게 해서는 매번 낙서로 가득한 메모지만 남을 뿐이라고 경고하는 드러커는 보고서를 쓰려면 우선 문을 걸어 잠그고 전화 코드를 빼놓은 채 방해받지 않고 연속으로 시간을 투자해 보고서 작성에 전력투구해야 한다고 조언한다. 그렇다고 그런 시간이 반드시 근사한 완성본을 안겨주는 것은 아니며, 그렇게 겨우 초안을 마련하면, 그때부터 자투리 시간을 활용해 초안을 다듬고 정리하면서 완성도를 높여야 한다고 강조한다.

> "목표를 달성하려면 모든 지식근로자, 특히 모든 경영자는 상당한 양의
> 연속적인 시간을 사용할 수 있어야 한다. 사용 가능 시간이 짧은 단위로
> 나뉘어 있으면 전체 시간의 양이 아무리 많아도 소기의 목적을 달성하는

데는 충분하지 않다."

생각할 시간을 충분히 마련하는 것은 인지적 끈기를 길러주는 데도 큰 도움이 된다. 머리로 하는 일이란 게 대부분 처음에는 확실하지 않고 일의 진척도 잘되지 않는다. 이런 단계를 넘어가야 멋진 아이디어의 실마리를 얻을 수 있다. 그 구간에서 비로소 생각이 싹트는데, 그 생각을 구체화하는 데 시간을 들여야 한다. 인지적 끈기 없이 전대미문의 문제를 해결할 수 없다.

나는 하루의 일과를 시작하기 전 4시간을 읽고 쓰고 생각하는 데 할애한다. 스마트폰도 잠잠한 시간, 어떤 방해도 없이 고요한 이 시간에, 수면을 충분히 취하고 깨어난 맑은 정신으로 하루를 시작한다. 이 시간은 매일 다시 채워지지만, 비용은 1원도 들지 않는다. 내가 거둔 성과는 모두 이 4시간 동안에 거둔 것이다. 저마다 집중하는 데 유리한 시간대는 다르다. 다만 한 번에 하나의 주제에 관해서만 생각하고, 덩어리 시간을 마련한다는 원칙은 꼭 지켜야 한다. 이 습관만이 생각하는 힘을 기르는 가장 효과적인 방법임을 기억하고 실행하라.

● 문제해결의 핵심

논리적 사고

창의적 사고

● 문제를 더 빨리 해결하려면

1. **결론으로 시작한다**(논리): 먼저 가설을 세우고 검증하며 지워나가 는 방법이 문제해결의 가장 빠른 길

2. **진짜 문제를 찾는다**(창의): 드러난 문제가 해결 불가능해 보여도 행 간을 살펴보면 문제를 해소할 대안이 반드시 있다.

3. **스스로에게 질문한다**(창의): '어떻게 하면 될까?' '만일 ~라면 어 떨까?'로 질문하며 답을 찾는다

4. **이유와 근거로 설득한다**(논리): 데이터로 이유와 근거를 준비하면 설득하는 데 막힘이 없다

● 문제해결사 오레오 공식

의견 주장하기	이유 제시하기	사례 제시하기	의견 강조하기
Opinion	**Reason**	Example	**Opinion**

생각을 쓰기와 병행하면 더 정리되고 풍부해진다.

deep writing

part 4

딥 라이팅

배려 깊게 쓰고 전해 의도한 영향력을 미치는 힘

다른 사람들과 의사소통하지 못하면 수
학을 배워봤자 아무 쓸모도 없다.

그레이스 호퍼Grace Hopper, 수학자, 해군 제독

글이 스스로 일하게 만드는
'쓰는 힘'

대학에서 시와 소설 쓰는 법을 배우고, 광고문구를 쓰는 카피라이터로 사회에 입문해 방송 원고와 여성잡지 기사를 쓰며 20~30대를 보냈다. 인터넷 붐을 타고 인터넷 콘텐츠를 만들다가 대기업에 입사해 보고용 글을 썼다. 그러다가 돌연 독립해서는 출판, 사보 원고에 강의 자료, SNS 포스팅까지 장르를 가리지 않고 글을 썼다. 35년 동안 온갖 글을 쓰며 먹고살았다. 검찰청에 불려가 회사를 대신해서 경위서를 쓰는 등 좋은 일에서 궂은일까지 다 글로 쓰며 살았다. 그렇게 글쓰기로 잔뼈가 제법 굵은, 글밥 30년 차 되던 해에 어떤 깨달음을 얻었다.

세상의 글쓰기는 딱 두 가지뿐이다.

그전까지 나는 형식이나 내용, 용도 등에 따라 각각 다른 글쓰기가 필요하다고 여겼다. 하지만 이제 내가 아는 글쓰기는 두 종류뿐이다.

일 잘하는 글쓰기와 일 망치는 글쓰기.

일 잘하는 글은 글 쓴 의도를 달성한다. 핵심을 빠르게 전달해 의도한 반응을 정확히 얻어낸다. 일 잘하는 글쓰기는 핵심을 빠르게 전하기 위해 메시지를 논리적으로 구성하기 때문에 한눈에 의미가 전달된다. 보고서든 SNS든 소설이든 상관없다. 에세이든, 사업계획서든, 강의 자료든 의도한 바를 달성하지 못하면 그 글은 일을 망친다. 쓰는 힘은 일 잘하는 글을 쓰는 능력이다.

쓰는 힘은 생존하는 힘

우리나라는 요즘 이과 출신들의 주가가 천정부지로 오르고 있다. 기술이 주역이 된 사회에서 기술의 기본을 이해해야 뒤처지지 않을 수 있다고 믿기 때문이다. 하지만 미국의 고용주들은 무려 93퍼센트가 인문학 출신을 선호한다. 그 이유는 인문학 출신이 글쓰기 능력을 갖췄기 때문이다. 드류 파우스트Drew G. Faust는 하버드대 총장 시절에 전 세계 정치 지도자의 절반 이상이 인문학과 사회과학 전공이고, 비즈니스 리더의 75퍼센트가 업무에서 가장 중요한 능력으로 글 쓰는 능력을 꼽는다고 강조했다. 일 잘하는 글을 쓸 줄 아는 능력, 글 한 편 똑 부러지게 쓰는 힘은 일머리의 핵심이다.

사업은 글쓰기로 운영된다. 기업은 말할 것도 없고 손바닥만 한 1인상점에서도, 그리고 택배기사도 글로 소통한다. 직장인에서 수험생, 임원에서 신입사원, 서비스직에서 크리에이터, 설비업체 엔지니어에서 헤어디자이너까지 고객과 동료, 거래처를 대상으로 글을 쓰느라 여념이 없다. 웹페이지 위에 펼쳐진 디지털 세상에서 먹고살려면 글을 잘 써야 한다.

글쓰기 코치로 일해온 20년 동안 나에게 글쓰기 관련 도움을 요청하는 사람들의 직업군이 참 많이 변했다. 10여 년 전만 해도 글쓰기를 업으로 하는 직업이나 기획, 마케팅, 영업 같은 직무를 가진 사람이 대부분이었는데 5년쯤 전부터는 직종이나 직업을 불문하고 모두 글을 잘 쓰고 싶어 한다. 이런 변화를 겪으며 나는 글을 잘 쓰는 능력은 생계를 꾸려가는 능력임을 확신했다.

메타 문해력을 완성하는 쓰는 힘

메타 문해력은 생각하는 힘을 축으로 읽는 힘에서 시작해 쓰는 힘으로 완성된다. 일머리의 핵심이며, 메타 문해력의 결정판으로서 쓰는 힘은 말과 글을 다루어 원하는 것을 얻는 능력이다. 쓰는 힘은 내 생각을 말과 글로 전해 의도한 반응을 얻어내는 초능력이다. 겨우 글 한 편으로 상대에게 의도한 영향력을 발휘하다니, 초능력일 수밖에 없다. 그러므로 쓰는 힘은 단지 맞춤법, 띄어쓰기, 어휘력을 말하는 게 아니다. 글 한 편이란 보고서든, 이메일이든, SNS든, 채팅 단문메시지든 구분 없이 일하는 과정에서 요구되는 모든 종류의 글을 말한다. 논리적으로 내용을 만들고 읽기 쉽게 전해 글이 일하게 하는 능력이 '쓰는 힘'이다.

글 한 편 쓰는 힘은 정보를 지식으로 만들어 어떤 문제를 해결하는 데 요긴한 해결책을 제안하는 능력이다. 글 한 편 쓰는 힘은 훑어보기 바쁜 독자를 주목하게 만들고 흥미를 자극해 읽게 만들며, 다 읽도록 관심을 유지해 마침내 의도한 대로 반응하게 만드는 능력이다. 글 한 편 쓰는 힘은 웹페이지로 구축된 디지털 시대에 인정받는 일 잘하는 사람들이 갖춘 주특기다.

이과가 아무리 주목받아도, 결국은 글쓰기다

카이스트에서 '워딩파워'라는 제목의 수업을 한 적 있다. 한번은 이광형 현 총장이 수업 중인 교실로 찾아와 이런 말로 학생들을 격려했다.

"이공계가 제 몸값을 못 받는 이유는 글을 못 쓰기 때문이다."

제 몸값 받는 이공계가 되려면 말과 글을 잘 배워야 한다며, 그 방법을 배우는 당시 수업이 얼마나 중요한가를 알아야 한다는 취지였다. 글 잘 쓰는 과학자로 알려진 최재천 교수가 항상 하는 말도 마찬가지다.

"이 세상 모든 일은 결국 '글쓰기'로 판가름 난다. 어떤 직업에도 예외가
없다."

글을 못 써 몸값을 제대로 받지 못하는 것이 어디 이공계뿐일까. 세상 대부분의 일은 글쓰기가 좌우하며, 돈을 많이 번 사람일수록 글쓰기에 집착한다.

성공한 이들이 강조한 글쓰기

앞에서 살펴본 것처럼, 세계적인 부자들은 '읽기'를 아웃소싱하지 않는다. 부자들은 글 또한 직접 쓴다. 독서의 중요성을 오랫동안 설파한 워런 버핏은 글쓰기로도 유명하다. 그는 주주들에게 보내는 편지를 해마다 쓰는데 이 연례 주주보고서가 '전문적인 내용을 누구나 알기 쉽게 썼다'는 이유로 2005년 전미 작문상을 받았다. 그는 이 상을 받은 계기로 당시 글로벌 기업 회장들의 개인 글쓰기 선생님으로도 활약했다고 한다. 버핏은 '글쓰기야말로 돈 버는 일의 핵심기술'이라고 단정한다.

> "명확하게 의사소통하지 못하면 고객·파트너·동료와 친구들이 자신에게 요구하는 신뢰를 잃어버릴 수 있다. 생각을 명확하게 전하는 데는 글쓰기만 한 게 없다. 그래서 글을 잘 쓰면 더 나은 투자자가 될 수 있다."

잭 웰치Jack Welch 전 GE 회장의 사례도 흥미롭다. 1980년에 GE는 당시 40만 명이나 되는 조직의 최고경영자를 뽑는 과정에 글쓰기 시험을 도입했다. 잭 웰치는 CEO 최종후보에 올랐고, 경선의 마지막 미션에 도전한다. 그 미션이 바로 글쓰기로 '지금껏 GE에서 거둔 성과에 대해 상세히 평가하는 글을 작성해 회장과 이사회에 제출하라'는 것이었다. 업무 성과는 물론, 어떻게 성장했는지, 앞으로 회장이 된다면 어떤 일을 어떻게 추진할 계획인지도 자세히 설명하고, 기업이 사회에 기여하는 방법에 관해서도 써야 했다. 그 글 한 편이 40대인 잭 웰치를 CEO로 발탁되게 만들었다. 그가 재직한 20년 동안 GE는 총매출 4배 이상, 시가총액 30배가량 늘어나는 성장을 이루었다.[28] 글 한 편 썼을 뿐인데 조직은 눈부시게 성장하고 개인은 출세 로켓에 올라탄 기적이 만들어졌다.

매일 아침 A4용지 한두 장의 글을 썼을 뿐인데, 21조 원을 벌어들인 사람도 있다. 그 주인공은 레이 달리오Ray Dalio. 미국의 투자가이자 브리지워터 어소시에이츠Bridgewater Associates 설립자다. 1970년대 말, 레이 달리오는 자신이 만든 회사와 상품을 홍보하기 위해 매일 글을 써 투자자들에게 보고하기 시작했다. 초보 사업가인 그에게 글쓰기는 유일한 마케팅 수단인 셈이었다.[29]

"우리 주된 사업은 위험을 관리하는 것이지만, 고객들은 나에게 전화를 걸어 시장 상황에 대한 의견을 물어본다. 고객들에게 시장 상황에 대한 내 생각을 텔렉스로 보내주자."

자산 규모 21조 원에 이른 지금도 그는 여전히 글을 쓴다. 텔렉스에서 팩스, 이메일로, 글을 전하는 수단은 바뀌었지만 일일보고서를 쓰는 것만큼은 아직도 진행형이다. 이제 그의 글은 투자는 물론 세상을 움직이는 이들의 필독 리스트다.

문득, 이런 궁금증이 생긴다. 레이 달리오가 오늘 아침 2시간 걸려 글을 썼다면, 그가 벌어들이는 시간당 소득으로 계산했을 때 그 글은 얼마짜리일까? 그는 왜 여태 글을 직접 쓸까? 필명을 떨치는 전문가를 영입해도 되고 비서실, 기획실에서 글을 얼마든지 대신 쓸 수 있을 텐데 말이다. 달리오는 말한다.

> "글쓰기는 생각을 단련하는 최고의 도구다. 나는 다른 사람들이 내 생각의 타당성을 이해하고 이를 발전시키는 데 도움을 줄 수 있도록 매일 내 생각을 기록하는 것이 효율적이라고 판단했다."

다른 사람에게 자기 생각을 이해시키려면 매일 연구하고 깊이 생각해야 하는데 글을 쓰는 것은 훌륭한 훈련 방식이었다고 회고한다. 그래서 그는 죽는 날까지 일일보고서를 쓰겠다고 다짐한다.

세계적인 명문대들은 치열한 경쟁의 시대에 너도나도 글쓰기를 가르친다. 특히 하버드는 체계적인 글쓰기 프로그램을 150년이나 운영해오고 있다.

> "대학의 지식인은 글쓰기로 완성된다. 강의 듣고 시험 잘 쳐서 졸업할

수도 있지만 그런 사람은 평생 '학생' '관찰자' 위치를 벗어날 수 없다. 졸업 후 자기 분야에서 진정한 프로가 되려면 글쓰기 능력을 길러야 한다."[30]

오랫동안 글쓰기를 가르쳐온 하버드 교육대학원 낸시 소머스Nancy Sommers 교수의 말이다. 세계 청년들의 멘토로 꼽히는 토론토 대학교의 조던 피터슨Jordan Peterson 교수 역시 글쓰기를 권한다.

"누군가가 할 수 있는 가장 좋은 일은 글 쓰는 법을 가르치는 일이다. 왜냐하면 사람들 앞에서 '논리적으로 정리된 주장'을 토대로 어떤 계획을 제시할 수준이 된다면, 사람들은 여러분을 인정할 것이고 돈도 주고 기회도 줄 것이다. 이 모든 것의 근본에 글쓰기가 있다."[31]

피터슨은 쓰는 힘이 더 잘 살아가게 만드는 힘이라고 강조한다. 글쓰기는 '생각하는 법' 그 자체를 가르쳐주기 때문에 글을 잘 쓰면 생각을 잘하게 되고, 생각을 잘하면 지혜롭게 살게 되며, 지혜롭게 사는 사람은 더 잘 살 확률이 높다는 것이 그의 주장이다.

기술 분야의 그루 케빈 켈리Kevin Kelly는 자신의 첫 책《기술의 충격》을 쓰며 새로운 사실을 알게 되었다고 고백한다.

"글쓰기가 생각하기 위한 방법 중 최고라는 것을 그때 알았다. 무언가를 쓰면 자신이 알지 못했던 것을 깨닫게 된다."

글을 쓰면서 확인하고 찾고 보태는 과정이 주제에 대해 생각하는 일임을 알았다고 이야기한다.[32] '어떤 불황에도 끄떡없는 최고의 투자는 자기를 계발하는 것'이라는 워런 버핏은 자기를 계발하는 방법 중에 읽고 쓰기만 한 게 없다며, 자신이 글쓰기에 집착하는 이유를 한 번 더 확인해주었다.

내가 이 책에서 '먼저 읽고, 그 재료를 가지고 생각하고, 생각한 결과를 글로 쓰라'고 강조하지만, 이것은 단순한 내 경험담이나 주장이 아니다. 앞에 나열해놓은 것처럼 세계의 석학들, 성공한 기업가들, 그리고 머리를 써야 하는 자기 분야에서 두각을 나타낸 모든 이들이 공통적으로 강조하는 점이다. 그들의 성과로 증명한 주장에 우리는 귀를 기울여야 한다.

디지털 시대,
글쓰기는 더욱 중요해진다

2020년 이른 봄, 온 세계가 속속 봉쇄되는 것을 속수무책으로 지켜볼 수밖에 없었던 우리에게 비대면 소통 수단으로 줌이니 슬랙 같은 도구들이 단숨에 주목받았다. 주로 대면으로 글쓰기 코칭을 하던 나는 코로나 실업자의 배에 올라야 하나 생각했다. 그런데 서너 달 지나지 않아 나는 점점 바빠졌다. 마스크로 무장한 이들이 방역으로 삼엄해진 강의실로 속속 모여들었고 투명 아크릴 가리개 몇 겹 너머로 눈을 맞추며 글쓰기 교육이 진행되었다. 그 와중에 나를 더 놀라게 한 것은 교육 대상이었다. 불과 몇 달 전만 해도 글쓰기 교육은 관련 직군을 대상으로 한 경우가 대부분이었는데, 코로나 시기에 이뤄진 글쓰기 교육은 전 직군으로 확대되었다. 금융기업도 통신기업도, 대고객 소통 담당 직군도 총무 직군도, 보고서에서 이메일까지. 영상회의 내용을 문서로 만드는 것에서 임직원들이 고객과 소통할 때 참고할 언어 사용 매뉴얼까지, 대상도 범위도 내용도 제한이 없었다.

한순간에 디지털로 옮겨간 고객들과 소통하려면 직군과 직무, 직급에 상관없이 글을 써야 했고, 화상이나 채팅으로, 또 휴대폰으로 간단하게 소통하는 것이 불가능하지는 않지만, 빠르고 정확하게 소통하려면 글로 써야 한다는 것을 기업 스스로 깨달은 것이다. 그래서 글쓰기 코치인 내가 바빠졌다.

구성원들의 생산성은 조직의 명운을 좌우한다. 생산성이 곧 성과로 이어지기 때문이다. 일을 만들고 진행하고 완수하는 전체 과정에서 간결하고 명확하게 문서를 작성하는 능력은 생산성에 절대적인 영향을 미친다. 일은 혼자 할 수 있는 게 아니며, 중요한 일일수록 협업해야 하기 때문이다. 코로나19 팬데믹 기간에 일어난 기업들의 글쓰기 교육 변화를 겪으며 글로벌 기업들처럼 우리 기업도 직원들의 서툰 글쓰기가 조직의 생산성을 현저하게 떨어뜨려 그로 인한 손실이 적지 않다는 것을 체감했을 것이다.

잘못 작성한 자료 때문에 임금의 6%가 낭비된다

미국의 경우 직원들의 서툰 글쓰기가 회사에 미치는 경제적 손실이 매년 4,000억 달러에 이른다고 한다. 미국 기업들이 잘못 작성된 자료에서 의미를 얻기 위해 총임금의 6퍼센트를 낭비하며, 임직원 글쓰기 교육에 31억 달러 지출한다. 포레스터 리서치Forester Research의 수석 부사장인 조시 버노프Josh Bernoff가 47명의 비즈니스 전문가들을 조사해서 얻은 이 결과는 〈하버드 비즈니스 리뷰Harvard Business Review〉에 소개되었다.[33] 버노프는 서면으로 표현되는 명확한 리더십은 생산성을 향상시킨다고 조언하면서 특히 리더들의 글쓰기 능력이 리더십을 좌우한다고 경고한다. 또 리더들이 직원에게 발송하는 이메일을 쓸 때 제목이나 내용에서 간결하고 명확한 문장으로 핵심을 정확하게 전달하는 모범을 보여야 한다고 강조한다. 리더가 보낸 엉망진창으로 쓴 메일을 읽느라 애를 쓰고 그것의 진의를 확인하느라 시간을 낭비하는 것이야말로 생산성 하락의 주범이라는 것이다.

글로벌 기업들이 리더들의 글쓰기 교육에 돈과 시간과 에너지를 투자해야 한다고 강조하면서 그 이유를 직원들이 똑똑하기 때문이라고 주장하는 이들도 있다. 사용자경험 디자이너로 활동하다가 구글을 떠난 스콧 레더러Scott Lederer의 말이다.[34]

"구글 직원들이 똑똑하기 때문에 다른 기업에 비해 설득 작업이 다양하게 이루어진다. 직함 때문에 부하직원이 뭔가를 해주는 일은 없다. 어떤 일이 왜 필요한지 설득을 펼쳐야 한다."

기업들이 마련한 글쓰기 교육을 할 때마다 아쉬운 것은 특강 한 번 또는 서너 시간 워크숍이 전부라는 것이다. 이 정도로 좋아질 능력이라면 그리 중요하지도 않을 것이다. 일하는 사람에게 필요한 글쓰기 능력은 보고서 잘 쓰기 기술이 아니라 어떤 글이든 잘 쓰는 힘이다. 쓰는 힘은 읽고 생각하는 힘이 전제되어야 하니 그들에게 필요한 것은 글쓰기 기술이 아니라 메타 문해력이다. 메타 문해력이라는 기본기 없이는 '읽는 힘' '생각하는 힘'이 동원되는 '쓰는 힘'을 발휘할 수 없다. 그래서는 기업이 원하는 교육 목표는 절대 달성되지 않는다.

보고서 한 장 쓰려면 주제에 맞게 자료를 모으고 주의 깊게 읽고 이해해 메시지를 만들고, 그에 맞게 자료와 생각을 요약하고 경중을 가려 힘을 넣거나 빼는 편집 과정이 우선되어야 한다. 이 또한 자료를 주의 깊게 읽고 이해하고 분별하는 읽는 힘에서 나오는 것이다. 결국 이 모든 것이 메타 문해력이 발휘되는 영역이다.

글쓰기 불변의 법칙 1:
일하는 글을 쓰라

불과 2, 3년 만에 완전히 새로운 시대가 열렸다. 그 변화를 눈으로 목격하자니 내일을 생각하기가 겁날 정도다. 말로만 듣던 뷰카VUCA: 미국의 군사전략가들이 사용한 용어로 volatility(변동성), uncertainty(불확실성), complexity(복잡성), ambiguity(모호성)의 앞 글자를 딴 신조어 시대를 온몸으로 실감한다. 세상은 한 치 앞을 내다볼 수 없게 빠르게 변하고 무엇 하나 확실한 게 없으며 또 복잡하기 짝이 없고 모호하다.

대면과 비대면을 오가며 일하는 극한상황에 맞닥뜨리니 쓰는 힘이 저절로 부상한다. 일할 때 새로운 방식에 눈뜨면 그 이전으로 돌아가기는 불가능하다. 비대면 근무 상황에서 빠르고 정확한 업무 처리를 위해 문서화, 소통의 매뉴얼화를 시도했는데, 이것이 생산성을 키우고 성과를 향상하는 데 효과적이라는 사실을 경험했다. 그러자 쓰는 힘에 대한 중요성이 더한층 높아졌다. 회사 밖에서도 쓰는 힘은 필살기다. 고객들이 디지털 세상으로 이주해 있으니 웹페이지에 쓰지 않고는 일을 할 수 없기 때문이다.

쓰는 힘은 단독으로 발휘되지 못한다. 반드시 생각하는 힘을 축으로 읽는 힘과 연동되어야 한다. 하이브리드 워크 시대일수록 메타 문해력의 위력이 커질 수밖에 없는 이유다. 하이브리드 워크 시대의 초능력, 쓰는 힘을 단련하기 위해서는 절대적인 조건 세 가지에 집중해야 한다.

• 읽히게 쓴다

요즘 독자들은 대충 읽는다. 아니, 읽지 않는 편이라고 할 수 있겠다. 독자에 읽혀야 글이다. 회사에서나 가게에서나 웹에서나 모니터, 모바일로 순간 스캔하는 독자의 읽기 방식을 고려해 써야 한다. 또한 비대면 소통은 글을 쓰는 시점과 읽는 시점이 다르다는 점도 중요하다. 이러한 비동시성 글쓰기의 특성을 충분해 고려해야 읽히는 글쓰기가 가능하다.

• 일하게 쓴다

원래 글쓰기는 비대면 소통을 위해 탄생했다. 글이 내용 그 자체로 의도한 일을 하지 못하면 잘 쓴 글이라 할 수 없다. 글이 일한다는 것은 핵심을 빠르게 전달해 의도한 반응을 정확하게 얻어내는 것을 말한다. 의도한 대로 일이 되게 하는 것이 일하는 글쓰기이며, 의도한 반응을 끌어내지 못하는 글은 일을 망칠 뿐이다.

- 한눈에 들어오게 쓴다

읽히지 않는 글은 일할 수도 없다. 일하는 글의 가장 중요한 조건은 내용의 전달 속도가 빨라야 한다는 것이다. 내용을 빠르게 전달해 의도한 반응을 끌어내려면 간결하고 명확하게, 또 정확하게 써야 한다. 독자들은 한눈에 들어오는 만큼만 스캔하고 접수하거나 버린다. 한 번 읽고 단번에 콜call 하거나 킬kill 한다. 독자의 눈길이 머무는 기본시간 0.3초, 길어야 1초 안에 독자의 마음을 사로잡게끔 써야 한다.

그냥 쓰지 말라

무슨 일을 하든 여러분이 쓴 글이 여러분의 능력과 성과를 증명한다. 여러분이 쓴 글로 평가받는다. 보고서, SNS, 이메일, 채팅창에 쓴 글은 여러분이 모르는 사이에 기회를 불러오기도 하고 가진 것을 빼앗기도 한다. 그래서 나는 글쓰기 수업에서나 강의에서나 블로그에서나 항상 신신당부한다.

"제발 그냥 쓰지 마세요."

읽히게 쓰려는 노력 없이 그냥 쓴 글은 여러분을 위해 일하지 않는다.

글쓰기 불변의 법칙 2:
의도한 반응을 빠르게 끌어내라

그레이스 호퍼는 해군 제독이자 컴퓨터과학자로 미국 해군 최초의 프로그래밍 책임자다. 그는 대학에서 수학을 가르치기도 했는데 수학 실력을 작문으로 평가했다고 한다. 학생들이 투덜거리자 그는 이렇게 말했다.

> "다른 사람들과 의사소통하지 못하면 수학을 배워봤자 아무 쓸모도 없
> 으니까."

 일하는 현장에서 쓰는 글, 일하는 글쓰기의 목표는 단 하나, 의사소통이다. 의도한 방향으로 상대를 움직이는 것이다. 쓰는 힘은 디지털 대전환이 가속될수록 더욱 중요해진다. 업무를 문서화하고 매뉴얼로 만드는 것이 생산성과 성과를 좌우하기 때문이다. 그래서 자신의 업무가 코딩이든 영업이든 판매든 기획이든 상관없이 쓰는 힘이 채용까지

결정한다.

　일머리 좋은 사람들이 쓴, 일하는 글에는 공통점이 있다. 요구하는
바가 분명하고call to action, CTA, 간결하며concisely 명확하고clearly 정확하
다completely. 간결하게 쓰면 한눈에 읽히고, 명확하게 쓰면 한 번에 이
해한다. 정확하게 쓰면 빠르게 읽혀 의도를 달성한다.

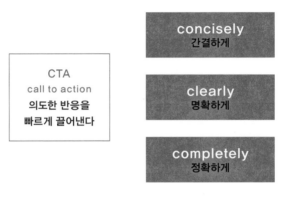

일머리 좋은 사람들의 글쓰기 특징 4C

・ **간결하게** concisely

　독자에게 친절한 글은 독자의 눈에 한눈에 스캐닝되는 글이다. 읽
지 않고 훑어보는 것만으로도 내용이 전달되어야 한다. 연구들에 따르
면 대부분의 사람은 읽지 않고 스캔한다. 80퍼센트의 사람들이 단어
하나하나, 문장 전체를 꼼꼼히 읽지 않고 눈에 띄는 단어와 문장만 드
문드문 읽는다. 클릭할까 말까에 들이는 시간은 0.3초, 웹페이지를 보
는 데 들이는 시간은 평균 4.4초, 한 가지에 집중하는 최장 시간 8초

다. 다만 아무리 간결하더라도 문장이 아닌 단어만 나열해서는 의도를 제대로 전달할 수 없다. 그러므로 문장을 써야 하는 것은 기본이다. 간결한 문장은 길이가 짧은데 한글의 경우 40자 내외가 이상적이다.

> 세상의 모든 글쓰기의 목표는 단 하나, 의사소통을 통해 의도한 방향으로 상대를 움직이는 것이며 만일 글 쓴 의도를 달성하지 못하는 글은 일을 망칠 뿐이다.

이 문장이 복잡한 것은 아니지만, 좀 더 간결하게 만들 수 있다. 문장을 더 짧게 끊는 것이다. 문장은 짧을수록 더 빨리 읽힌다.

> 세상의 모든 글쓰기의 목표는 단 하나, 의사소통이다. 의도한 방향으로 상대를 움직이는 것이다. 글 쓴 의도를 달성하지 못하는 글은 일을 망칠 뿐이다.

• 명확하게 clearly

글쓰기가 어떤 능력보다 어려운 건 상대에게 내가 의도한 영향을 줘야 하기 때문이다. 상대가 행동하게 하려면 상대의 입장에서 써야 한다. 상대는 글을 읽어야 할 이유, 글에서 알아야 할 것, 글을 읽고 행해야 할 것, 이 세 가지가 분명해야 의도한 대로 행동한다. 잘 통하는 글은 직설적으로 말한다. 문장은 쉽고 내용에 허세가 없으며 표현은 구체적이다.

"(행복에 관한) 우리의 방대한 과학적 연구의 메시지는 의외로 간단했다.
인생에서 오직 중요한 한 가지는 '따뜻하고 의지할 수 있는 인간관계'라
는 점이다."

로버트 월딩거Robert Waldinger 하버드 의대 교수의 말이다. '행복은 따
뜻하고 의지할 수 있는 인간관계에 달렸다'는 의미로, 단어는 쉽지만
내용은 어렵다. 좀 더 명료하게 바꾸면 내용도 쉬워진다.

"(행복에 관한) 우리의 방대한 과학적 연구가 주는 메시지는 간단하다.
자신을 숨길 필요가 없고 이런 사람이 돼야 한다고 강요받지 않는 따뜻
하고 의지할 수 있는 관계가 가장 중요하다는 것이다."[35]

• **정확하게** completely

여러분이 의도한 대로 상대가 행동하게 하려면 무엇을 어떻게 하면
되는지 정확하게 설명해야 한다. 즉, 상대가 여러분의 요청대로 행동
하기가 쉽고 빨라야 한다.

9시까지 출근! 지각하지 마세요.

이 표현을 더욱 정확하게 하면 다음과 같다.

9시 1분은 9시가 아니다.[36]

또 다른 공지의 사례다.

사은품은 이번 주말까지 신청하셔야 합니다.

이 내용을 접한 사람은 궁금해질 것이다. 이번 주말은 며칠일까? 금요일일까, 토요일일까? 몇 시까지 신청하면 될까? 어떻게 신청하지? 전화로 하나? 찾아가야 하나? 사은품을 언제 준다는 거지? 바로? 배송해주나? 그러면 언제? 이렇게 궁금증이 많은 것은 내용이 정확하지 않아서다. 상대가 궁금해하는 것을 모두 담아 정확하게 써야 한다.

사은품은 이번 주 금요일(○월○일) 오후 6시까지 전화(02-0000-0000)로 신청하세요. 선착순 100분께 사은품을 2주 이내에 배송해드립니다.

글쓰기 불변의 법칙 3:
이야기로 전하라

작가 롭 워커Rob Walker와 조슈아 글렌Joshua Glenn은 평균 1.25달러짜리 중고물품 100여 개를 샀다. 작가들을 시켜 물품에 걸맞은 이야기를 만들어 붙였다. 그리고 이베이eBay에서 경매로 판다. 각 물품에는 상세한 설명이 없고, 이야기조차 만들어낸 것이라고 밝히지만 비싸게 팔려서 무려 2,800퍼센트에 달하는 가치를 올린다. 이야기, 즉 스토리텔링의 힘은 이처럼 거대하다. 존스홉킨스 대학교 연구팀이 2년간 100편 이상 슈퍼볼 광고를 분석한 결과 제품 판매 효과가 가장 큰 광고의 공통된 특징 찾았더니, 광고 내용과 상관없이 이야기 구조가 먹혔다. 연구팀은 이런 결론을 내기에 이르렀다.

"데이터는 사람을 설득하거나 영감을 주지 못한다. 마술도 광고도 이야기가 있어야 성공한다."

이 말은 설득하는 데 데이터가 무용지물이라는 말이 아니라, 데이터도 이야기에 실려 보내야 한다는 의미다. 프레젠테이션에서도 스토리텔링은 힘이 세다. 스탠퍼드대 경영대학원의 제니퍼 아커Jennifer Aaker 교수는 학생들이 발표하게 하면서 발표에 스토리를 끼워 넣은 경우와 사실과 수치만을 사용해 발표한 경우를 살폈다. 발표 후 내용을 기억하는 정도를 평가하니 스토리를 기억한 경우(63퍼센트)가 사실과 수치를 기억하는 것(5퍼센트)보다 월등했다. 사실이나 수치를 전하는 것보다 그 사실과 수치를 이야기에 담아 전하는 것이 훨씬 더 잘 어필한다는 증거다.

글쓰기는 스토리텔링

이야기를 하라고 해서 일하는 사람들에게 드라마나 영화, 소설처럼 상상력을 발휘해서 만들어낸 가공의 이야기를 쓰라는 것은 아니다. '이야기 구조'를 활용해 의견을 주장하고, 주장한 의견을 뒷받침하기 위해 동원한 데이터들을 전하는 방식을 말한다.

> "제가 왜 그런 식으로 생각하는지, 그게 어떻게 유익한지를 전달할 수 없다면 아무도 저를 믿지 않을 것입니다. 글쓰기의 목표는 사람들에게 여러분의 아이디어가 가치 있다는 것을 확신시키는 것입니다.

하버드 대학교 컴퓨터공학과 마고 셸처Margo Seltzer 교수의 말이다. 글쓰기는 자신의 생각이 얼마나 가치 있는지를 주장하는 일이고, 그 주장이 가치 있으려면 왜 그런지 설득력 있게 증명해야 한다. 증명 없는 주장은 의견으로 인정받지 못한다. 증명은 주장에 대한 타당한 이유와 합리적인 근거를 제시함으로써 완성되고 그제야 독자는 의심 없이 주장을 받아들인다.

이유를 들 때는 주장과 인과관계가 성립해야 한다. 예를 들어 글쓰기 능력을 갖추면 보고서를 잘 쓰게 되는 이유가 '글을 잘 쓰면 글씨도 잘 쓰기 때문'이라고 하면 인과관계가 성립되지 않는다. 글씨를 잘 쓰는 것이 글을 잘 쓰는 것과 서로 관련이 있을 수 있으나, 직접적인 이유가 되지는 못하기 때문이다. '손글씨 쓰기는 생각을 명료하게 만들어준다'고 결론을 도출한 어느 고명한 학자의 논문이 있다면 이를 인용하면 독자가 수긍할만한 직접적인 이유가 될 수 있다. 이렇듯, 이유와 근거를 댈 때는 누가 봐도 타당하고 믿을 만한 것이어야 한다.

이야기의 소재는 데이터다

글쓰기는 데이터 싸움이다. 여러분의 글쓰기가 어려운 것은 데이터가 없어서다. 글로 전할 의미 있는 생각을 만들려면 입력-처리-출력 프로세스로 가동되는 엔진을 돌려야 한다. 이때 각종 데이터가 연료가 되어 이 엔진을 돌려준다. 글을 쓸 때 데이터가 충분히 확보되면 생각 엔진이 저절로 돌아간다. 글쓰기를 어려워하는 사람들은 쥐어짜낸 생각으로만 글 한 편을 채우려 한다. 이런 식으로 쓴 글은 쓰기도 힘들고 읽기는 더 힘들다.

혁신전문가 알베르토 사보이아_{Alberto Savoia}는[37] 구글처럼 혁신하려면 데이터부터 수집하라고 조언한다. 객관적 데이터로 의견을 충분히 뒷받침하지 못하면 논쟁에서 이길 수도, 동료를 설득할 수도 없다고 강조한다. 내가 글쓰기 수업 현장에서 목격하기로도 글쓰기 전 과정에서 겪는 가장 큰 애로는 데이터 부족이다. "첫 문장을 못 쓰겠다" "어휘가 부족하다" "기승전결 구성이 힘들다"는 식으로 하소연하지만 실상 대부분은 생각을 실어나를 데이터를 갖춰놓지 못했기 때문이다.

자기 머리로 생각한다는 것은 자기 생각에 책임을 지는 것이다. 혼자 생각하는 단계에서 주장은 주관적이고 일방적이며 모호하다. 이런 생각을 상대가 알기 쉽게 전달하려면 내용을 객관적이고 일리 있게 바꿔야 한다. 주장을 논리정연한 설득으로 바꾸는 일은 데이터가 다 한다. 주장을 논리적으로 뒷받침하는, 누구도 부정할 수 없는 객관적 사실, 즉 데이터의 힘을 빌리면 혼자만의 생각도 설득력 탄탄한 주장으로 만들 수 있다. 그래서 글을 쉽게, 빨리 쓰는 사람들은 글을 쓰기 전에 데이터부터 모은다. 데이터가 모이면 글은 거의 다 쓴 것이나 다름없다.

설득력을 더하는 ROI 데이터 수집

ROI는 투자수익률return on investment을 뜻한다. 데이터를 수집할 때
도 ROI 기준을 따르면 수익률이 높다.

• Relevance 관련성 있는가

수집한 데이터가 주장하는 내용에 꼭 들어맞아야 한다. 예를 들어
직원들의 생산성을 높이려면 재택근무를 장려해야 한다고 주장하는
가정을 해보자. 이 주장이 설득력을 가지려면 직원들의 생산성이 재택
근무에 달렸다는 객관적이고 직접적인 근거를 제시해야 한다. 재택근
무를 하더라도 다른 능력들이 받쳐주지 않으면 생산성이 높지 않을 수
있기 때문이다. 예를 들어 글쓰기 실력이 평균 미달이면 이메일과 보
고서로 소통해야 하는 재택근무의 특성상 성과가 높기는 어렵다.

• Original 참신한가

어떤 주장에 연관검색어처럼 자동으로 따라붙는 데이터는 주장에
설득력을 실어주지 못한다. 데이터가 참신하지 않으면 주장조차 진부
해진다. 데이터가 참신해야 한다는 기준은 코로나19 팬데믹 이후 더욱
중요해졌다. 세상의 판이 바뀐 만큼, 그전에 사용한 웬만한 데이터는
가치가 퇴색된 탓이다.

예를 들어 중국에서 브랜드를 론칭하려는 화장품 스타트업이 있다
고 하자. 이를 위해 작성한 마케팅 기획안에 '오프라인 매장에서 구매

한 고객의 재구매율이 높다'는 이전 데이터에 근거해 오프라인 위주의 오픈 이벤트 아이디어를 담아낸다면 설득은커녕 의구심만 높아진다. 코로나19 팬데믹으로 중국 시장에서 화장품 브랜드들이 오프라인 매장을 대폭 축소하거나 시장에서 철수하고 온라인 판매채널을 강화하는 추세이기 때문이다.

• Impact 의도한 효과를 내는가

동원된 데이터의 효과가 의심받지 않아야 한다. 예를 들어 '맛있게 먹으면 0칼로리'란 주장이 통하게 하려면 실제로 같은 음식을 맛있게 먹은 경우와 아닌 경우를 비교해 얻은 직접적인 데이터가 필요하다. 단지 "TV 예능 프로그램에서 어떤 연예인이 말했다"는 식의 근거는 웃자고 하는 의도가 아니라면 전혀 의미 없다. 스토리텔링 전문가 재닌 커노프Janine Kurnoff는 "데이터의 가치는 데이터가 전하려는 내용에 끼치는 의미와 통찰로 매겨진다"면서 데이터를 사용하기 전에 다음 요소를 점검하라고 조언한다.

- 이 데이터가 내 스토리를 뒷받침하는가?
- 이 데이터가 이야기를 앞으로 진전시키는가?

글쓰기 불변의 법칙4:
생각은 글쓰기로, 전달은 에세이로

잭 하트Jack Hart는 '언론인의 노벨상'으로 유명한 퓰리처상 심사위원이 면서 이 상을 탄 작가들의 글쓰기 코치다. 그는 모든 글은 기본적으로 정보를 전달하거나 이야기하는 둘 중 하나라고 구분한다.[38] 그는 에 세이도 정보를 전달하는 글로 분류한다. 그의 설명을 종합하면 에세 이는 '정보 전달을 목적으로 내용을 짜임새 있게 구성한 리포트'다.

나도 잭 하트처럼 글을 두 가지로 구분한다. 나는 앞서 세상의 모든 글은 일을 잘하거나 일을 망치거나 둘 중의 하나라고 이야기했다. 내 가 의미하는 일을 잘하는 글쓰기는 잭 하트가 말한 '정보를 전달하는 글쓰기'이면서 논제를 중심으로 잘 정리된 '이야기'에 속한다. 나는 이 렇게 일하기에 최적화된 글을 '에세이'라고 한다. 하트의 설명에 따르면 에세이essay라는 라는 단어가 '기운차게 전진하다'라는 라틴어에 뿌리 를 두었으며 지금도 '시도하다'는 뜻의 동사로 쓰인다고 설명한다. 이런 설명을 보더라도 에세이는 '일하는 글'이 맞다.

일하는 데 최적화된 글인 에세이는 하나의 주제를 다루는 산문 양식이다. 에세이를 쓸 줄 알면 정해진 분량 안에서 효율적이고 효과적으로 생각을 전달하는 능력을 인정받는다.

에세이를 잘 쓰는 1·2·3 규칙

에세이는 문서를 작성하기 전에, 보고하고 공유할 내용을 정리한 콘텐츠의 원형이다. 이 원형을 전달하는 매체의 특성에 맞게 가공하면 보고서나 이메일, 프레젠테이션 자료, 블로그 게시물로 변환된다. 내용을 먼저 에세이로 쓰면 해당 주제에 대해 명확하고 구체적으로 생각을 정리할 수 있다.

에세이가 콘텐츠의 원형으로 기능하려면 세 가지 요소를 필수적으로 갖춰야 한다. 나는 이것을 1·2·3 규칙이라고 부른다. 한 가지 주장만을 다루고, 2W1H, 즉 '무엇what을 왜why 어떻게how'라는 논리요소를 갖춰 내용을 구성하며, 3분 안에 읽히게끔 간결하고 명확하게 써야 한다는 것이다.

한 가지 주장만을 다뤄야 한다는 규칙은 간결하고 명료하게 쓸 수 있고 의도한 반응을 빠르게 끌어낼 수 있기 때문이다. 3분 규칙은 독자들이 한 편의 글을 읽는 데 발휘하는 인내심 최대치를 고려한 요구다. 그 3분 안에 읽고 의도한 행동을 하게 하려면 1,500자 내외로 써야 하는데, 그러려면 2W1H라는 논리요소를 분명히 갖춰야 가능하다.

에세이 쓰기, 창의력의 필수 코스

나는 기업의 요청으로 글쓰기 연수를 할 때도 '에세이 쓰기 연습'을 주문한다. 그러면 십중팔구 볼멘소리가 들려온다. '직장인이 보고서만 잘 쓰면 됐지, 웬 에세이?' 하는 표정이 다 읽힌다. 에세이 쓰는 힘이 보고서도 잘 쓰게 한다. 에세이를 쓸 줄 알면 기획안이나 보고서, 제안서 같은 문서작성 능력이 눈에 띄게 향상된다. 에세이를 쓸 줄 안다는 것은 어떤 내용이든 핵심을 짚어 생각을 짜임새 있게 구성하고 표현해 전달할 줄 안다는 증거이니 결과적으로 어떤 종류의 문서라도 거뜬히 쓸 수 있다.

에세이 한 편 거뜬히 쓰면 회사가 원하는 창의와 혁신에 필요한 고차적 사고력까지 개발된다. 그리고 나면 논리정연하게 발표하고 소통하는 능력도 저절로 발휘된다.

아마존 30년 혁신의 비밀, 에세이로 회의하기

인터넷으로 책을 팔며 사업을 시작한 아마존은 이제 무엇이든 다 파는 거대 마켓플레이스가 되었다. 여기에 기업형 클라우드 서비스도 제공하고 있다. 1994년 미국 시애틀에서 설립된 이후 30여 년 동안 아마존은 '혁신'의 상징이다. 미국의 유력 매체들은 아마존의 혁신 비결이 '머리 쓰는 힘'에 있다고 입을 모은다. 더 구체적으로는 구성원 누구나 논리적이고 명확하며 이해하기 쉽고 기억하기 좋게 글을 쓰도록 조성한 문화 덕분이라고 입을 모은다. 전문가들은 아마존이 고수한 글쓰기 중심의 문화는 고객에게 지속적으로 가치를 제공하고 혁신하기 위해 아마존이 도입한 IT와 같은 것이라고 말한다.

아마존이 말하는 글쓰기는 파워포인트나 글머리 기호들로 가득 찬 보고서 쓰기가 아니다. 그들이 말하는 '메모'는 서술형 글쓰기다. 아마존은 모든 회의에 여섯 쪽 이내의 서술형 자료를 만들어야 한다. 창업자인 제프 베이조스가 회장으로 재직하던 시절, 그가 참석하는 회의조차 서술형 자료를 미리 준비해 30분가량 읽는 것으로 시작했다. 회의자료가 완벽하게 작성되어 어떤 질문도 없다면 그것으로 회의는 끝난다.

파워포인트는 보기 편하지만 상호 연결성이 없다

제프 베이조스는 체계 없이 생각하고 두루뭉술하게 표현하는 것을 극도로 싫어한다고 한다. 그가 길어야 여섯 쪽 내외의, 서술형 자료를 소통의 기준으로 정한 것은 사고의 질을 높일 수 있기 때문이라고 설명한다.

"네 쪽 분량의 메모를 잘 쓰는 것이 20쪽 분량의 파워포인트를 쓰는 것보다 어려운 이유는 좋은 메모의 서술 구조가 무엇보다 더 중요하다는 점과 사물이 어떻게 관련되어 있는지에 대한 더 나은 생각과 이해를 강요하기 때문이다."

제프 베이조스는 파워포인트를 앞세운 프레젠테이션을 지양했는데, 아이디어를 얼버무리고 아이디어의 상호 연결성을 무시하기 때문이다. 아이디어를 완벽하게 이해하려면 세부사항을 제공하는 잘 구성된 이야기가 필요하며, 이런 이유로 공유해야 할 이야기는 서술형 자료, 즉 에세이로 써야 한다는 것이다.

아마존에서 일하는 김태강은 아마존을 '글 쓰는 회사'라고 표현한다. 아마존에서 글쓰기 능력은 지위를 유지하거나 승진하는 데 직접적인 영향을 미친다는 경험을 전하며, 누구든 아마존에서 일할 때 가장 어려운 점은 여섯 쪽짜리 글쓰기일 것이라고 말했다.[39]

한 기업이 세계적인 생산성 전문가 피터 힌센Peter Hinssen에게 직원들의 생산성에 대한 컨설팅을 의뢰하면서 결과물을 요청했는데 이것이 그를 깜짝 놀라게 만들었다. 기업이 원한 컨설팅 최종결과물은 여러 쪽의 보고서나 파워포인트로 정리한 파일이 아니었다. 그들이 원하는 것은 간결한 제목을 단 짧은 에세이 한 편이었다. 노벨경제학상을 수상한 게리 베커Gary Becker는 논문만 쓰다가 한 경제 전문지에 칼럼을 연재한 것을 계기로 경제학적인 아이디어를 간단하고 평이하게 표현하는 방법을 배웠다고 말한다.

에세이의 중요성은 이미 오래전부터 증명되었기에, 미국 대학들은 입시에서 에세이 평가 점수 비중을 상당히 높게 둔다. 이를 통과하고 입학한 학생들이 4년 내내 에세이로 과제를 하며 공부한다. 졸업하고 사회에 나가서는 대학에서 배운 글쓰기로 업무 메일을 쓰고 보고서를 쓰며 성과를 낸다. 나는 '에세이'가 일하는 글쓰기의 전형이라고 확신한다.

글쓰기 불변의 법칙 5:
경제적으로 써라

미국 워싱턴 대학교 법학대학원에서 법률 수사학을 가르치는 데이비드 하워드 스프랫David Howard Sprat은 법조인들이 의견서나 판결문 쓰기가 힘겹다고 하소연할 때마다 '문장을 짧게 쓰라'고 권한다. 그래야 덜 복잡하고 덜 어려운 문장을 쓸 수 있다는 것이다. 그러면서 덧붙인다.

"워런 버핏을 흉내 내라."

스프랫 교수가 분석한 워런 버핏의 문장 평균 길이는 13.5단어, 알파벳으로는 70자가량이다. [40] 적게 쓰면서도 많은 것을 전하고 얻어내니 글쓰기에서도 투자수익률이 높다.

글을 경제적으로 쓴다는 것은 간결하면서도 명확하게 쓰는 것이다. 읽기에 들이는 독자의 시간과 에너지를 존중하고 아껴준다. 워런 버핏처럼 경제적으로 쓸 줄 아는 능력은 혁신적인 성과에 직결된다.

투자수익률 높은, 적게 쓰고 크게 얻는 경제적 글쓰기 규칙을 소개한다.

• **경제적으로 쓰기 1: 구체적으로 쓴다**

머릿속에서 갓 꺼낸 생각은 주관적이고 모호하다. 추상적인 생각들을 구체적으로 떠올릴 수 있게 바꿔야 빠르게 읽힌다.

이번에 들여온 음료수는 포장이 부실하다. 상자당 7퍼센트가 깨졌다.

이 문장이 빠르게 읽히려면 이렇게 구체적으로 써야 한다.

이번에 들여온 음료수는 포장이 부실하다. 15개들이 상자당 하나가 깨졌다.

구체적이고 명확할수록 더 빨리 읽히고 더 빨리 이해하며, 더 빨리 행동한다.

건강한 식사를 위한 육류 권장 섭취량은 끼니당 85~113그램이다.

육류 85~113그램은 어느 정도인지 모호하다. 구체적으로 표현해보자.

건강한 식사를 위한 육류 권장 섭취량은 끼니당 85~113그램으로, 카드

한 벌과 거의 같은 크기다.[41]

구체적으로 쓴다는 것은 막연한 내용을 실제적인 것으로 바꿔주는 것을 말한다.

• 경제적으로 쓰기 2: 생각을 그림으로 보여주기

미국 밴더빌트 대학교 제니퍼 에스칼라스Jennifer E. Escalas 교수는 고객이 제품의 이미지를 선명하게 떠올리기 쉽게 만들어진 광고일수록 매출이 크게 늘어난다는 사실을 알아냈다. 이 연구 결과를 응용해보면, 글을 쓸 때 이미지가 연상되는 단어를 사용하면 더 잘 읽힌다.

여러분은 지금 창문형 에어컨을 고르는 중이다. A, B, C 각 브랜드에서 다음 문장을 앞세워 광고했을 때 여러분은 어떤 것을 사고 싶은가?

A제품: ABC모터를 사용해 작동 중 발생 소음을 크게 줄인 저소음 에어컨

B제품: 도서관처럼 조용한 창문형 에어컨

C제품: 트윈 로터리 압축기를 적용, 국내 최저 수준으로 소음을 줄인 울트라 창문형 에어컨.

각 제품의 소음 정도를 비교 실험한 데이터가 없으면 어떤 제품이 가장 조용한지 알 수 없다. 나는 실제로 B제품을 샀다. 도서관의 그 조용함을 떠올리면서 말이다.

다음은 음식점 메뉴판 실험을 소개한다.

A: 토마토소스, 조개 파스타
B: 토마토소스, 조개 파스타: 손으로 빚은 면발에, 쫄깃쫄깃한 조개 속
살, 매일 아침 주방장이 직접 갈아 만든 토마토소스

어떤 메뉴를 먹고 싶은가? 실제로 두 메뉴를 두고 실험했더니, A로 표기했을 때는 다른 요리와 매출이 비슷했는데, B로 표현을 바꾸고 난 뒤에는 다른 요리보다 매출이 2배 이상 늘었다고 한다. 요리에 대한 묘사를 추가함으로써 읽는 사람이 머릿속으로 요리에 대해 선명한 이미지를 그릴 수 있었기 때문이라는 게 전문가들의 분석이다.[42]

이미지가 떠오르게 표현하는 방식은 전문적인 용어를 설명할 때도 요긴하다. MS 검색엔진 빙Bing에 따르면 맥락에 맞는 자세한 설명을 추가하면 검색된 수치를 더 빨리 이해하고 기억한다. 이렇게 하는 것만으로 정보 기억 능력이 15퍼센트 증가하고 기억의 정확도는 2배 증가한다고 한다. 다음 사례를 살펴보자.

LH가 베트남 흥옌성 산업단지 추가 개발에 나선다. 이 구역은 263만 8,000제곱미터의 면적으로 클린산단 위쪽에 위치한다.

이 표현을 이미지가 떠오르게 구체적으로 바꿔보자.

한국토지주택공사 LH가 베트남 흥옌성 산업단지 추가 개발에 나선다.

이 구역은 서울 여의도보다 약간 작은 규모의 263만 제곱미터다.

- **경제적으로 쓰기 3: 말보다 숫자**

면역력이 떨어지는 여름철에 급증하는 대상포진은 중년 여성에게 많이 발병하는데 '죽을 만큼 아프다'고 한다. 죽을 만큼이라니, 죽어본 사람이 있는 것도 아닌데 어떻게 알 수 있을까? 이렇게 모호한 표현을 바꿔보자.

대상포진의 통증 척도는 6점으로 출산 시 겪는 고통척도(7.5점)에 가까울 만큼 아프다.

이렇게 표현하면 출산을 경험한 50대 여성이라면 대상포진 환자의 아픔을 바로 이해할 수 있을 것이다. 일하는 사람들에게는 말보다 숫자가 더 중요하다. 숫자는 문자와 달리 짐작이나 추정이 필요 없는 '팩트'로 의미를 있는 그대로 신속하게 전달할 수 있다. 경제적인 글쓰기에서는 숫자를 빼놓고 말할 수 없다. 숫자가 일하게 하면 많은 말을 줄일 수 있고 신속하고 정확한 소통에 기여한다.

글쓰기 불변의 법칙 6:
1분 안에 설득하라

디지털경제는 지식을 기반으로 하며, 창조와 혁신에 기여하는 아이디어 생산성을 최고로 친다. 어떤 문제도 거뜬히 해결하는, 창의적인 아이디어를 낼 수 있는 일머리 좋은 사람이 어디에서든 주인공이다. 일머리 좋은 사람은 그 아이디어로 상대를 설득하는 것까지 잘한다.

사실, 될 만한 아이디어는 그리 긴 설명이 필요하지 않다. 그래서 생긴 말이 엘리베이터 피치elevator pitch다. 엘리베이터 타는 30초~1분 정도의 시간에 투자를 받아내기 위해 아이디어나 제품, 서비스, 회사에 관해 설명하는 것을 말한다. 엘리베이터 피치의 목표는 후속 미팅을 잡는 것이지만 30초 안에 상대의 흥미를 끌지 못하면 그다음은 없으니, 실제로 의사결정은 이 30초 안에 이뤄지는 것이나 다름없다.

쓰는 힘의 가장 높은 수준이 바로 피치하기로, 상대의 결정과 반응을 끌어내는 제안의 기술이다. 상대를 순간적으로 주목하게 만들어 의도한 행동을 하게 만드는 것이다. 즉 상대가 알아야 할 것에 관해 간결하고 명확하게, 두어 마디로 설명하는 능력이라고 할 수 있다. 피치는 설명도 빠르게 하고 의도한 반응도 빠르게 받는 것이 목표이다. 일하는 현장에서도 보고나 회의, 협의는 속전속결로 이뤄진다. 피치의 기본기술을 익히면 모바일이나 구두보고, 미팅자료, 이메일이나 보고서, 사내 게시판 등을 활용해 단번에 상대로부터 의도한 반응을 끌어낼 수 있다.

- **피치 기술 1: 핵심 먼저, 배경은 나중에**

결론을 먼저 낸다는 것은 앞서 생각하는 힘에서 다뤘다. 유사한 기술로 핵심을 먼저 말하는 것이다. 사실 이 둘은 자주 듣지만 실행하기는 쉽지 않다. 이유부터 말하고 싶은 욕심 때문이다. 독자들은 여러분이 쓴 글을 앞에 두고 이렇게 묻는다. 무슨 말을 하고 싶은데? 핵심 먼저란, 여기에 답부터 하는 것이다.

코로나19 팬데믹으로 급감한 매출을 복원시키기 위한 대책회의가 열렸다. 회의에서는 다음과 같은 논의가 이뤄졌다. 코로나19 팬데믹이 시작되며 모든 분야에서 디지털 대전환이 일어났다. 디지털 대전환이란 '디지털화'와는 다른 양상으로(이하 생략) 우리 회사 고객의 대부분은 2030으로, 이들 세대는 디지털 네이티브로서 디지털 대전환 이전에도 디지털 세상에서 살다시피 했다. (이하 생략) 따라서 그동안 매장 중심으로 이뤄지던 우리 회사 마케팅 방향을 수정해 디지털 마케팅을 강화해야 한다. 우리 회사 마케팅 인력의 대다수는 매장 마케팅에 강한 터라 디지털 마케팅을 기획하고 전개할 디지털 마케팅 인력을 충원해야 한다.

내용이 제법 길다. 하지만 핵심은 한 줄, 마케팅 파트에 디지털 전문 인력을 충원하자는 것뿐이다. 그렇다면 이 한 줄 핵심을 앞세우면 된다. 제안자는 '왜 디지털 전문인력을 충원해야 하는지' 시시콜콜 설명하고 싶겠지만, 의사결정권자에게는 '지금 바로 무엇을 해야 하는지'가 더 중요하다. 핵심을 가장 먼저 언급해 상대를 주목하게 한 다음 배경이 되는 내용을 설명하라.

• **피치 기술 2: 개인적 관심사로 어필하기**

누구나 자기 일이 가장 중요하다. 일머리 잘 돌아가는 사람들은 사안을 상대와 결부시켜 그것을 자기 일로 여기게 한다. 그래야 이해도, 의사결정도 빠르다.

정부는 부동산 종합소득세를 시세 기준으로 평가해 부과하기로 했다.

이렇게 쓰면 독자의 흥미를 끌지 못한다. 자기와는 상관없는 일이 아니라고 생각하기 때문이다.

정부가 부동산 종합소득세 부과 기준을 변경해 여러분은 관련 세금을 10퍼센트 더 내야 한다.

- 피치 기술 3: 제안하라, 설명 말고

핵심을 앞세울 때, 설명하려 하지 말고 제안하라. 설명은 듣고 나면, '그래서 어쩌라고?'라는 질문과 그에 따른 답으로 이어진다. 소통이 길어지는 것이다. 이러한 질문까지를 예상해 제안하면 속전속결이 가능해진다.

> 디지털 마케팅을 강화해야 한다.- 설명하기
> 디지털 마케팅 전문인력을 충원해 디지털 마케팅을 강화해야 한다. - 제안하기

핵심, 정보, 설명 순으로 전하라

로봇공학 전문가 브라이언 루텐버그Brian Ruttenberg는 일과 일상 전반에서 인공지능이 내리는 결론에 의지하는 시대가 본격적으로 열리면 그 결론에 관해 설명하는 능력이 매우 중요해질 것이라고 말한다. 인공지능이 내린 의사결정을 이해도 수긍도 할 수 없는 사람들, 예를 들어 신용대출을 거절당한 사람이나 이해할 수 없는 처방을 받은 사람. 법의 심판을 수긍할 수 없는 사람들이 어떤 근거로 인공지능이 그러한 의사결정을 했는지를 듣고 싶어 할 것이고, 설명하는 일을 하는 사람이 많이 필요할 것이라는 예측이다.

여기서 필요한 것도 결론부터, 즉 핵심부터 말하는 것이다. 왜냐하

면 결론은 이미 인공지능이 내놓은 것이나 마찬가지고, 이를 이해하지 못해서 찾아온 사람들이기 때문이다. 핵심point을 전하고 주요 정보 information를 알린 뒤에 충분히 설명explanation하는 순서다. 이른바 PIE 기술로, 핵심부터 거꾸로 설명하니 듣는 쪽에서는 필요한 만큼 들을 수 있다.

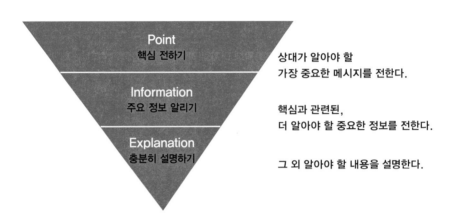

Point
핵심 전하기

상대가 알아야 할
가장 중요한 메시지를 전한다.

Information
주요 정보 알리기

핵심과 관련된,
더 알아야 할 중요한 정보를 전한다.

Explanation
충분히 설명하기

그 외 알아야 할 내용을 설명한다.

게임회사에 근무하는 여러분은 회사 기획팀을 대표해 부산에서 열린 '국제게임전시회 지스타'에 참석했다. 다음날 회의에서 "어땠어?" 하고 대표가 묻는다. 이때 "좋았어요, 사람들이 많이 왔어요"라는 식으로 대답해서는 곤란하다. 대표가 여러분의 개인적인 느낌을 들으려고 출장을 보낸 것은 아니기 때문이다. 참석하지 못한 대표 입장에서는 행사는 전반적으로 어땠는지, 예년에 비해 어떤 변화가 있는지, 참석한 목적은 달성했는지… 궁금한 게 많다. 놓쳐서는 안 될, 반드시 알아야 할 것을 듣고 싶어 한다. 이것이 핵심이다.

PIE로 보고해보자.

- Point 핵심 전하기

지스타가 열린 이래 가장 많은 기업이 참석했고 관람객도 역대 가장 많았다.

- Information 주요 정보 알리기

내년 출시 예정인 신작 게임이 의외로 많았다. 특히 PC와 모바일 외에 콘솔용 게임 예정작이 많았으며, 해당 부스에도 많은 관람객이 몰렸다.

- Explanation 충분히 설명하기

관람객이 급증한 것, 신작 게임이 급증하고 그중에서도 콘솔게임이 늘어난 것은 모두 하나의 원인으로 확인된다. 코로나19 팬데믹으로 인한 것이다(이하 생략).

글쓰기 불변의 법칙 7: 완전한 문장으로 써라

미국 드라마를 보던 중 이런 대사를 들었다.

> "문법, 구두점, 구문을 보면 교육받은 백인의 문장이야."
> "단어 선택과 구두점을 보면 대학 졸업자야!"

여러분의 글은 여러분을 고스란히 드러낸다. 여러분이 쓴 한 줄 문장은 여러분이 얼마나 정확한지, 얼마나 논리적이고 창의적인지를 단번에 알려준다. 여러분이 고른 단어는 여러분이 어떤 독서를 하는지 그 폭과 깊이를 가늠하게 해준다. 문장은 생각을 담아내는 그릇이기 때문이다.

쓰는 힘은 결국 문장력이다. 우리 몸이 세포로 구성되듯 한 편의 글은 문장으로 구성된다. 단어를 모아 구절을 만들고, 구절을 연결해 문장을 만든다. 이 문장들이 모여 문단이 되며, 한 편의 글은 이 문단의 모음이다. 단어와 구절은 그 자체의 사전적 의미는 있지만, 완결성이 없어서 글을 쓴 사람의 의도를 담기 어렵다. 주어에 형용사가 붙어 느낌을 살리고 서술어에 부사가 붙어서 의도를 명확하게 한다. 이렇게 문장으로 완성되어야 방향이 보인다. 그러므로 글쓰기는 문장이 기본이 된다고 할 수 있다. 문장을 제대로 쓸 수 없다면 글은 아무 일도 못한다. 바른 문장, 잘 통하는 문장 쓰기에 관해 이야기하는 데도 책 한 권이 필요하다. 그런데 의도한 것을 빠르게 전하는 '일하는 문장' 쓰기는 몇 가지 기본만 챙기면 된다.

• 완전한 문장 쓰기

언어학자 놈 촘스키Noam Chomsky는 사람이 생각하는 데는 기본 문장이 핵심 단위라고 말한다. 기본 문장이란 주어와 서술어가 결합해 '누가(무엇이) 어찌하다(어떠하다)'는 의미를 전하는 문장이다. 문장이 미흡하면 생각도 미흡하다. 그래서 모든 글은 '완전한 문장'으로 써야 한다.

• 논리적으로 쓰기

문장을 논리적으로 쓴다는 것은 문장을 이루는 기본인 주어와 서술어가 서로 궁합이 맞는 것을 말한다.

일머리 좋은 사람은 글을 잘 써야 한다는 것이다.

이 문장이 어색한 것은 주어와 서술어가 서로 엇나가기 때문이다. 주어에 맞으려면 이렇게 고쳐야 한다.

일머리 좋은 사람은 글을 잘 쓴다.

모호해 의미 전달이 되지 않는 글은 대체로 문장 자체, 또 문장 간에 논리성이 없다. 첫 문장을 쓸 때부터 마지막 문장을 쓸 때까지 문장한 줄 한 줄이 논리적이어야 하며 또 문장과 문장이 논리적으로 호응해야 한다.

타이핑을 잘하기 때문에 글도 잘 쓸 것이다.

이 문장은 어딘지 이상하다. 논리적이지 않기 때문이다. 먼저 누가 그렇다는 것인지 주어가 빠져 있다. 흔히 생략되곤 하는 '나'인지 다른 누구인지 알 수 없다. 내용이 바로 이해되지 않는다. 두 번째 문제는 "타이핑 잘하면 글을 잘 쓰나?" "타이핑 연습하면 글을 잘 쓰게 된다고?" 이런 의문이 생긴다. 이 문장만으로는 글쓴이가 무슨 말을 하려는지 모르겠다. 타이핑을 잘하면 글을 빨리 쓸 수는 있어도, 빨리 쓰는 것이 곧 잘 쓰는 것은 아니니 말이다. 이 문장을 논리적으로 읽히게 고쳐 써보자.

그는 타이핑을 잘하기 때문에 머리 회전이 빨라 글도 잘 쓸 것이다.

주어로 '그'를 챙겨 완전한 문장을 만들었고 '타이핑을 잘하면 글도 잘 쓴다'에 '타이핑이 빠르면 머리 회전도 빠르니까'라는 논리를 보완했다. 이제 무리 없이 읽힌다.

- 명문 쓰기

대기업 부장, 임원을 지낸 사람이 글 한 편 쓰기 힘들어하는 것을 볼 때마다 안쓰럽다. 보고서만 쓰다가, 더한 경우는 결재만 하다가 회사를 나오는 바람에 겪는 참사다. 보고서는 주어와 서술어 성분을 갖춘 완전 문장이 아니라 개조한 글쓰기다. 글머리 기호와 단어들을 엮는 방식이다. 개조한 글쓰기에 길들면 주어·동사·목적어 같은 문장 성분을 등한시하게 되고, 아는 사람들끼리 아는 주제에 관해서가 아니라면 문장 한 줄 제대로 쓰기 어렵다. 그러니 잘난 체하는 문장을 쓰기 쉽다.

쉽게 읽히고 빠르게 읽혀 의도한 일을 하는 글은 명문체다. 근사한 문장을 뜻하는 명문名文이 아니라, 내용을 간결하면서도 명확하게 표현하는 명문明文이다. 이런 문장은 독자가 빨리 읽고 쉽게 이해하게 한다. 이런 문장은 번역기에 넣으면 원문 그대로 번역되는, 인공지능이 좋아하는 문장이기도 하다. 짧고 간결하면서도 내용을 명확하게 전달하는 명문체 문장은 주어만 잘 챙겨도 누구나 쓸 수 있다.

영어와 달리 우리말에서는 주어가 흔히 생략된다. 하지만 주어가 없는 문장을 쓰는 습관은 인공지능과 일하는 시대에는 치명적인 결함이 된다고 한다. 인공지능이 일하게 하려면 명확하게 업무 지시를 해야 하는데 인공지능은 주어가 빠진 문장을 알아들을 수 없기 때문이다. 문장에 주어를 챙겨 살아있게 만드는 노력은 이력서나 자기소개서를 채점하는 인공지능에도 잘 통한다.

일하는 글은 제목이 달라야 한다

제목은 글의 현관문과 같다. 제목으로 사로잡지 못하면, 독자를 글 속으로 들여보낼 수 없다. 디지털 매체를 통해 보이는 글이나 영상, 이미지는 제목이 그 존재를 결정한다. 눈에 띄지 않으면 클릭하지 않고 그러면 존재하지 않는 것이나 마찬가지다. 유튜브도 섬네일 제목이 시청 여부를 결정한다.

　나는 그동안 수없이 많은 글쓰기 수업과 강연을 통해 반드시 클릭하게 되는 제목 만들기 비법 같은 식의 노하우를 제공했다. 하지만 실제상황에서 그런 노하우는 그림의 떡이나 마찬가지라는 사실을 알았다. 매체에 따라, 글의 성격에 따라, 독자층에 따라 각각 다른 비법을 언제 배우고 어떻게 외워 필요할 때 바로바로 활용하겠느냐는 하소연을 자주 접했다. 일리 있는 하소연에 참으로 난감했다. 그래서 그 많은 노하우를 관통하는 하나의 비결이 없을까 다시 고민했다. 그 결과 어떤 경우에도 잘 통하는 제목은 딱 두 가지 비결로 압축된다는 것을 발견했다.

명령하거나 주문하거나.

제목을 잘 쓸 수 있다는 그 많은 노하우는 잊어라. 이제부터는 명령하거나 권유하는 제목을 쓰자. 틀림없이 여러분의 글이 읽히게 된다.

당신의 책을 가져라.

내가 쓴 책의 제목이다. 독자에게 '당신도 책을 쓰라'고 명령한다. 책을 보고 갑작스럽게 머리를 한 대 얻어맞은 듯했다는 소감을 들었다. 여덟 글자 짧은 문장이 하도 강렬해서 말이다. 이 책을 읽고 책을 출간한 저자들이 들려준 후일담이다.

'명령하기'는 구체적이고 명확하게 요청하는 것이기도 하다. 의도한 반응을 끌어내기에 그만이다. 독자들이 명령형 제목을 싫어하지 않을까 염려될 수도 있다. 하지만 마주한 사람에게 말과 표정으로 명령한다면 몰라도, 글로 불특정다수와 소통하는 상황에서 제목으로 명령하는 것은 오히려 환영받는다. 명확하기 때문이다. 명령형 제목은 글쓰기와 함께 제목 뽑는 것으로 먹고 사는 사람들인 기자와 작가, 카피라이터들도 애용하는 비법이다. SNS에 글을 올릴 때, 제법 긴 내용의 문자 메시지를 보낼 때, 이메일 쓸 때, 명령하거나 주문하는 제목으로 개봉률 100퍼센트를 만들어보자.

명령은 단호하게

명령형 제목을 쓸 때는 단호해야 한다. 단호하게 명령하려면 문장이 단순해야 한다. 생각을 요하는 문장이나 완곡한 표현은 명령형 제목에 어울리지 않는다.

글쓰기에 들인 시간은 돈. 돈 아깝지 않게 글을 써라.

이 문장도 명령형이지만 질질 끌리는 느낌이다. 단호하게 바꿔보자.

돈이 되는 글을 써라.

제목뿐 아니라 간단한 메시지를 전할 때도 단호하게 명령하면 빠르게 통한다.

사전 통지 없는 계약 해지는 효력이 없습니다.

이렇게 하면 설명으로 끝나버린다. 명령형으로 바꿔보자.

계약 해지는 반드시 사전 통지해 주세요. 사전 통지 없이는 효력이 없습니다.

명령형 제목을 단호하게 사용하기가 부담스럽다면 표현을 부드럽게 바꿔보자. 단호함을 덜 하지만 독자의 부담을 덜 수 있다는 면에서 좋다. 다양한 표현 방법이 있겠지만, 여기서는 대표적인 세 가지 변형 방법을 소개한다.

• 지시하기

힘 있고 자신감 넘치는 어투에 명령을 감춘 제목이다. 독자의 이익을 드러내놓고 제안할 때 유용하다.

> 목 컨디션이 중요한 날엔.(건강식품 광고)
>
> 주름 걱정 없는 분은 제발 사지 마세요.(화장품 광고)

• 단언하기

근거가 확실한 주장으로 자신감 표출하면 명령하기 못지않다.

> 명품 케어는 아무나 못 하니까.
>
> 대한민국 넘버 원 글쓰기 코치.

단언하기 기법으로 만든 제목은 '그러니까 나를, 내 제품을, 내 서비스를 선택하라'는 내용이 생략되는데도 강력한 명령의 효과를 발휘한다.

- 기원하기

가장 부드럽게 표현하는 명령형 제목이다.

여러분의 아이가 영어로 자유롭게 소통하도록 하라(명령하기)

세상 모든 아이가 영어로 자유롭게 소통하는 그 날까지 멈추지 않겠습니

다.(기원하기)

카피라이터가 헤드라인 만드는 비결

앞서 소개한 명령형 제목의 예문은 모두 신문 기사나 광고 헤드라인
에서 가져왔다. 강력한 한 줄 쓰기를 직업으로 하는 카피라이터들은
그 한 줄을 쓰기 위해 몇 날 며칠, 몇 주를 고민하기도 한다. 그런데 우
리는 전문가가 아니니 우리가 쓰는 글의 제목을 짓는 데 몇 날 며칠을
소비할 수는 없다. 그럴 때 어떻게 하면 좋을까? 빌려 쓰기를 해보자.
잘 쓰인 한 줄을 빌려다 내 것으로 바꿔 쓰는 방식이다.

"젊음은 돈으로도 살 수 없다."

이 말은 극작가 페르디난트 라이문트Ferdinand Raimund가 쓴 대사다.
이 말을 이렇게 바꾼 광고가 있다.

"젊음은 돈으로도 살 수 없다. 아니다, 월 7만 2,000원이면 젊음을 살
수 있다."

가발 브랜드 광고의 헤드라인이다.

빌려 쓰기라는, 이토록 쉬운 방법은 샘플을 수집하는 것이 관건이
다. 신문이나 잡지, 인터넷 뉴스 등 기사 콘텐츠 제목, TV 홈쇼핑이나
인터넷쇼핑 사이트 제목, 모바일 애플리케이션 제목, 유튜브 섬네일
제목, 다양한 미디어 광고들, 눈길이 가는 광고판이나 전단, 영화, 드
라마, 예능 등 TV 콘텐츠 제목이나 대사… 눈길 돌리는 곳마다 빌려
쓸 수 있는 멋진 한 줄을 얼마든지 발견할 수 있다.

빌려 쓰기는 단순히 그날의 제목 짓기가 쉬워진다는 장점만 있는 것
은 아니다. 언어교육 전문가들은 언어는 절대로 일일이 배워 쓸 수 없
다고 한다. 흉내 내면서야 배울 수 있다고 한다. 잘 쓴 제목들을 수집
하고 따라 쓰고 바꿔 쓰다 보면 어느새 나의 뇌가 제목 한 줄 잘 쓰는
뇌로 변한다. 뇌는 특정한 방향으로 쓰면 쓸수록 그 방면으로 발달하
기 때문이다.

정확한 소통은
어휘로 승부한다

"감사한 마음입니다."

"죄송한 마음입니다."

오늘도 TV에서 유명인이 나와 이런 식으로 감사와 사과의 인사를 한다. 이런 말을 들을 때마다 어색하게 느껴진다. 감사하다, 죄송하다 하면 될 것을, 왜 굳이 저렇게 표현할까? "이러저러한 문제가 생겨 내 마음이 이러하다"로 들리는데, 이는 상대가 아니라 자신을 위한 말처럼 느껴진다. 고려대 국어국문학과 신지영 교수는 이런 식의 표현을 언급하며 언어감수성이 부족하기 때문이라고 진단한다. 단어 하나하나에 집착하기보다는 그 상황에 그 말이 어떤 느낌을 주는지를 예민하게 알아차리는 능력이 부족하다는 것이다.

우리말은 토씨 하나에도 뉘앙스가 확연히 달라진다. 그래서 어휘를 섬세하게 다뤄야 한다. 단어와 문장, 즉 말과 글을 다루는 능력인 어휘력은 영향력이 크다. 요즘 유행하는 바로 그 문해력이다. 승진을 좌우하고 연봉 액수를 결정하는 등 사회적인 성공에 직접적으로 영향을 미친다. 존슨 오코너Johnson O' Conor 박사는 어휘가 사람들의 삶에 미치는 영향에 관한 연구로 유명하다. 20년 이상, 수십만 명을 대상으로 관련 연구를 진행해 이런 결론을 냈다.

> "성공하는 사람들의 공통적인 특징 가운데 하나가 정확한 어휘를 사용
> 하며 풍부한 어휘력을 지녔다는 것이다."

오코너 박사는 회사에서 간부가 되고 싶어 하는 젊은 직장인 1만 명을 대상으로 어휘력을 테스트했다. 그리고 5년 후 직장에서 어떤 변화가 생겼는지 다시 조사했더니 놀라운 결과가 나왔다. 어휘 성적 상위 10퍼센트 안에 든 사람은 전원 간부가 되었지만, 25퍼센트 이하의 사람은 단 한 명도 간부가 되지 못했다. 오코너 박사는 또 미국 대학입학 시험인 SAT를 앞둔 학생, 전문 분야에 종사하는 엔지니어, 대기업 임원 같은 직업이나 직급, 나이 그리고 장학금 수혜 여부 등의 조건을 어휘 수준과 연관 지어 테스트하기도 했다. 이렇게 추출한 데이터를 다각도로 분석했더니, 어떻게 분석하든 같은 패턴을 발견했다.

사람의 어휘 수준은 직업적 성공의 가장 좋은 단일 예측 변수다.

모든 분야에서 어휘 수준은 그 사람의 직업적 성공을 예측하는 가

장 좋은 척도라는 것이다. 어느 분야에서든, 성공하려면 어휘를 정확하게 사용하고 풍부하게 구사할 수 있어야 한다는 것이다.

메타 문해력을 구성하는 '쓰는 힘'에서도 어휘력은 매우 중요한 요소다. 어휘가 부족하면 생각하는 힘, 쓰는 힘까지 달린다. 어휘를 생각을 담아내는 그릇에 비유하면 이해하기 쉽다. 국, 무침, 구이, 조림… 반찬은 이렇게 다양한데 접시 두어 개에 담는다면 맛있는 상차림이 가능하지 않듯, 다양한 생각은 그에 딱 맞는 다양한 어휘로 표현해야 의도한 대로 소통이 이뤄진다. 그래서 베스트셀러 작가 스티븐 킹Stephen King은 어휘를 모아놓은 것을 연장통이라고 부른다. 생각을 담아내는 순간, 필요할 때 그때그때 갖다 쓰면 되는 것이니 연장통이 아니고 무엇일까. 연장통에 사용할 줄 아는 연장이 많으면 훨씬 다양한 작업을 할 수 있고 그 결과도 틀림없이 만족스러울 것이다.

읽기에서 쓰기로, 쓰기에서 다시 읽기로

부지런하다는 말을 써야 할 때 '열정적이다'라고 표현하는 사람이 있다. 부지런한 사람은 열정적인 경우가 흔하다. 그러나 열정적이라고 해서 반드시 부지런하다는 보장은 없다. 이는 어휘가 달려서 생기는 표현이다.

연장이 부족하면 생각을 적절하고 확실하게 담아내지 못한다. 한여름이면 불쾌지수를 운운하며 더 불쾌하게 만들고, 겨울이며 눈길을 조심하라며 판에 박힌 인사를 하는 사람이 많다. 그러면 모처럼 만들어낸 새로운 생각도 식상하게 치부된다. 쓰는 힘은 인풋, 즉 읽기로 시작되지만 최종적으로는 말의 힘, 어휘에 좌우된다.

어휘력은 다시 읽는 힘으로 순환한다. 많이 읽는 것 외에 어휘력을 키울 방법은 없다. 많이 읽을수록 많은 어휘에 노출되고 굳이 외우지 않아도 기억하게 된다. 많이 읽을수록 새로운 단어와 만나고 추론을 통해 단어에 익숙해진다. 많이 읽으면서 같은 표현이 어떻게 다른지 뉘앙스를 축적하게 되고 그렇게 어휘 감수성이 길러진다.

사전을 자주 찾아보는 습관도 어휘력 향상에 아주 좋다. 모르는 단어는 물론, 아는 단어도 사전을 뒤지면 제대로 모르고 있거나 잘못 알고 있음을 발견하기도 한다. 사전을 찾는 습관은 단어를 정확하게 사용하도록 돕는다. 사전에서 어떤 단어를 보면 동의어, 반의어, 유사어까지 한꺼번에 꿸 수 있어 어휘 수준이 한층 높아진다. 새로 알게 된 어휘는 사용해서 기억해야 한다. 내 경우에는 새로 만난 단어를 사용해 블로그에 포스팅한다. 더 적극적으로 어휘력을 늘리려면 따라 쓰기와 고쳐 쓰기 연습을 하며 어휘력을 확장해가는 방법도 있다.

업무 전달과 피드백도
문해력 문제

최근 업무 환경이 급속도로 변함에 따라 업무를 위한 소통의 방식도 달라지고 있다. 탄력근무제, 모빌오피스 등의 도입으로 같은 공간, 같은 시간대에서 근무하던 상식이 바뀌고 있다. 이뿐만 아니라, 대기업의 경우는 같은 시간대에 일해도 다른 층에서 근무하는 등 공간적으로 분리되어 있기도 하다. 또한 MZ세대가 일터의 주요 인력이 되면서 업무의 의사소통이 메신저를 통해 이루어지는 경우가 많아졌다. 이런 의사소통의 특징은 비동시성에 있다. 소통이 동시에 일어나지 않는 것을 말하는데, 쓰는 행위와 상대방이 읽는 행위에 시차가 발생하는 것이다.

이런 소통 방식에서 중요하게 여겨야 할 것은 가능한 한 한 번에 소통을 완료해야 한다는 것이다. 대화가 꼬리에 꼬리를 물고 늘어지는 조각 소통은 효과가 떨어져 생산성과 성과를 좀먹는다. 일하는 사람으로서 전문성이 결여된 인상마저 준다. 메신저로 일할 때 메시지는 한 번에 하나씩, 완결되게 써야 한다.

> **송 팀장:** 김 대리, 어제 부탁한 기획안 언제까지 되겠어?
>
> 김 대리: 예, 빨리하겠습니다.
>
> (5분 후)
>
> **송 팀장:** 김 대리, 그 기획안 오늘 중으로 올려야 하는데 언제까지 되겠어?
>
> 김 대리: 오늘 중으로요?
>
> (잠시 후)
>
> **송 팀장:** 5시까지 기획안 올려주겠어?
>
> (10분 후)
>
> 김 대리: 예.
>
> (2시간 후)
>
> 김 대리: 팀장님, 상무님께서 기획안 만들 때 주의사항 주신 것 같습니다.
>
> (25분 후)
>
> **송 팀장:** 어, 상무님이 준비가 오래 걸리지 않는 아이디어 위주로 내라고 하셨지.
>
> 김 대리: 예.

혹시 회사에서 이렇게 소통하고 있는가? 주고받는 메시지가 완전하지 않으면 수도 없이 긴 대화를 주고받아야 한다. 당연히 업무에 차질을 준다.

> **송 팀장:** 김 대리 어제 부탁한 기획안, 오늘 5시까지 올려주면 좋겠어. 퇴근 전까지 상무님께 보고하기로 했거든. 상무님이 준비가 오래 걸리지 않는 아이디어로 기획하라 하셨으니 그 점 고려하고.
>
> **김 대리:** 알겠습니다, 팀장님. 5시까지 기획안 올려드리겠습니다.

완전한 메시지는 언제 들여다보아도 소통에 문제가 없다. 글쓴이에게 묻거나 확인할 필요가 없다. 이처럼 한눈에 읽히고 한 번에 완결되어야 한다.

반응 말고, 응답하라

직장에서는 대답만 잘해도 일 잘한다는 소리를 듣는다. 반대로 꼬박꼬박 대답하는데도 마뜩잖아 하는 반응이 오기도 한다. 기왕이면 서글서글하게, 일 잘하는 느낌까지 전해보자. 그러려면 상대의 말에 대답할 때 반응하는 대신 응답해야 한다. 그래야 소통이 완전해진다. 반응하기란 '예, 아니요'로 답하는 것을 말하며 응답하기란 상대의 말을 요약하고 여기에 자신의 의견을 덧붙이는 답변 방식이다. 앞의 사례에서 보면 김 대리는 송 팀장의 말에 짧게 반응한다.

> **송 팀장:** 5시까지 기획안 올려주겠어?
>
> (10분 후)
>
> 김 대리: 예.

상대가 원하는 방식으로 응답해보자.

> **송 팀장:** 5시까지 기획안 올려주겠어?
>
> 김 대리: 알겠습니다. 어제 말씀하신 기획안 5시까지 차질 없이 준비해 올려드리겠습니다.

누구나 처음에는
쓰레기를 쓴다

직장 생활을 시작하자마자, 아들은 글쓰기가 능력을 인정받는 바로미터임을 바로 깨달았다고 한다. 한번은 보고서를 공들여 잘 쓰고 싶은데 시간이 부족하다며 좋은 수가 없을지 묻기에, '쓰레기'부터 쓰라고 권했다. 첫 줄부터 마지막 줄까지 한꺼번에 잘 쓰기란 누구라도 불가능하다는 설명을 덧붙이면서. '쓰레기' 버전의 초고를 만들고 그것을 여러 차례 고쳐 쓰는 것이 속도와 퀄리티를 다 잡는 방법이라고 알려주었다.

'작품'을 만드느라 보고서가 늦어져도 되는 일터는 없다. 해결해야 할 문제들은 언제나 긴급한 사안이기 때문이다. 일하는 글은 언제든 빨리, 잘 써야 한다. 심지어 결정문 초고를 써야 하는 배석 판사들도 납품기일을 맞추는 것이 가장 힘들다고 한다. 속도가 가치인 시대, 좋은 글을 빨리 쓰는 비법을 공개한다.

덜고 조이고 벼리고… 고쳐 쓰기의 마법

잭 하트는 글쓰기가 어렵게 여겨지는 이유 중 하나가 눈앞의 텅 빈 화면을 완성된 좋은 글과 비교하기 때문이라고 말한다. 내가 경험한, 글쓰기를 힘겨워하는 많은 사람들 역시 자신이 써놓은 형편없는 글을 출판된 글들과 비교하느라 기부터 죽는다. 그런데 아무리 대단한 작가라도 초고부터 완벽하지는 않다. 오죽하면 노벨문학상을 탄 어니스트 헤밍웨이Ernest Hemingway조차 첫 글은 쓰레기라고 했을까. 글 좀 쓰는 사람들은 누구든 그의 말에 크게 공감한다. 글 좀 쓴다는 것은 그 쓰레기를 다듬어 말쑥하게 만들 줄 아는 것으로, 그들 자신이 그런 과정을 수없이 반복한 증인이기 때문이다.

글 한 편 쓰기 풀코스

아들에게 전수해준 글을 빨리 잘 쓰는 비결, '쓰레기부터 쓰기'를 여러분에게도 전수한다. '쓰레기를 쓴다-정리한다-다듬는다' 3단계를 거치면 어떤 글도 잘 쓴 글로 바뀐다.

• 쓰레기 쓰기

글로 쓸 아이디어를 염두에 두고, 하고 싶은 말이나 수집한 자료를 얼기설기 엮는다. 문장, 문법, 논리… 어떤 요소에도 신경 쓰지 말고 아이디어 엮어내는 데만 초점을 맞춘다. 그렇게 나온 글은 누구에게도 보여주면 큰일 날, 쓰레기 같을 것이다. 걱정하지 않아도 된다. 누가 써도 대체로 같은 상태이기 때문이다.

- 정리하기

쏟아낸 쓰레기를 정리한다. 즉 내용을 정리하는 단계로, 앞서 소개한 오레오 공식을 사용하면 남길 것, 버릴 것, 채울 것이 저절로 구분된다.

- 다듬기

의도한 대로 글이 쓰였는지, 내용에 오해가 없는지, 표현에 오류가 없는지 살피며 수정하고 보완한다.

글을 잘 쓰는 사람 못 쓰는 사람의 한 끗 차이

하버드대에서 20년 넘게 글쓰기를 가르친 낸시 소머스 교수, 언어교육의 일인자 서던캘리포니아대의 스티븐 크라센 교수, 글쓰기 문제해결 부문 일인자인 린다 플라워Linda Flower 교수… 이들 글쓰기 교육에 헌신해온 전문가들에 따르면 글을 잘 쓰는 사람과 그렇지 못한 사람의 차이는 글쓰기에 대한 인식의 차이에 있다. 이들이 연구하고 조사한 결과를 보면 글쓰기에 능한 사람은 글쓰기의 모든 과정이 생각하기의 과정임을 잘 안다. 그래서 글을 잘 쓰는 사람은 쓰면서 생각하고 생각하면서 쓴다. 반면 글쓰기에 서툰 사람은 글쓰기 기술을 몇 가지 배우면 잘 쓰게 될 것이라고 여긴다.

글을 잘 쓰는 사람과 그렇지 못한 사람은 '글쓰기 과정'에서도 차이가 명백하다. 글을 잘 쓰는 사람은 계획 – 재검토 – 수정이라는 과정을 거쳐 글을 써야 하고, 차근차근 과정을 거쳐야 하므로 시간과 인내가 기본이며 연습하지 않으면 안 된다는 것을 잘 안다. 이런 인식 아래, 글을 잘 쓰는 사람은 자기 글을 들여다볼 때마다 고쳐 쓰고 다시 만들어낸다. 반면 글쓰기가 서툰 사람은 고쳐 쓰기를 할 줄 모르거나, 알지만 하지 않거나, 맞춤법 정도만 체크한다.

쓰기보다 중요한
덜어내고 고치는 기술

벤저민 드레이어Benjamin Dreyer는 세계적인 출판사 미국의 랜덤하우스 Random House에서 교열 책임자로 20년 이상 일한 저명한 전문가다. 교열이란 문서나 원고의 내용 가운데 잘못된 것을 바로잡아 고치는 일로, 교열 전문가는 저자가 책을 내기 위해 쓴 내용이 오해나 오류 없이 독자에게 잘 전달되도록 내용이나 표현, 표기를 점검하는 사람이다. 오랜 시간, 교열 전문가로 일해온 그가 글을 잘 쓰고 싶어 하는 사람에게 하는 조언이 있다.

"전문적 지위에서 커뮤니케이션할 때는 특히 분명하고 정확하게 쓰는 게 중요하다. 그래야만 사람들이 여러분의 말을 읽고 이해하는 한편, 여러분이 내용을 충분히 알고서 글을 썼다고 생각한다."

글을 고쳐 쓸 때는 드레이어의 조언대로 '내용을 분명하게 표현을 정확하게'가 기준이다. 이 과정에서 가장 먼저 해야 할 일이 글 속에 수없이 많이 잠입한 '몬스터'를 없애는 것이다. 그러면 글이 분명해지고 의미가 정확하게 전달된다. '몬스터'란 읽기를 방해하는 다양한 문제들을 말한다. 예를 들어 한눈에 읽히지 않는 긴 문장, 무슨 뜻인지 바로 알기 어려운 단어, 이중부정에 수동형으로 쓴 문장. 한 번에 읽기 버거운 분량… 독자의 이해를 어렵게 만들고 대충 건너뛰게 만들고 집중력을 앗아가는 읽기 훼방꾼이다.

재치 있는 말장난이나 매력적인 배경 설명, 근사해 보이는 어록들은 그 자체로는 멋있지만, 그 글에 반드시 있어야 할 이유가 없다. 이런 내용이나 표현을 '애인'이라고도 한다. 그래서 나온 말이 '킬링 달링 killing darling'이다. 아무리 근사한 자료라도, 아무리 하고 싶은 말이라, 그래서 애인처럼 애정이 가더라도 주제에 맞지 않는다면 고통스럽게 잘라내야 한다는 의미로 쓰인다.

쓰는 동안 애인처럼, 동료처럼 끈끈한 애정이 생긴 단어와 문장들을 가차 없이 쳐내기는 쉽지 않다. 하지만 분명하게 잘 읽히고 싶다면 '킬링 달링'이 꼭 필요하다. 그래야 오류는 줄이고 신뢰는 높일 수 있다.

분명하고 정확하게, 군더더기 없이

몬스터의 일종인 필러 워드 filler words 는 쓸데없이 지면을 채운다는 의미로, 없어도 그만인, 의미 전달과 무관한 구절이나 표현을 말한다.

《하워드의 선물》은 인생의 전환점에서 만난 필생의 가르침을 담은 책으로, 40년 넘게 하버드 경영대학원에서 교수로 재직한 미국 경영학계의 살아 있는 전설이자 하버드 경영대학원 최고의 교수인 하워드 스티븐슨이 썼다. 나는 이 책을 참 인상 깊게 읽었다. 이 책은 수많은 인생의 갈림길에서 갈팡대는 독자들에게 '후회 없는 인생을 사는 12가지 지혜'를 전해준다. 이 책에 이런 내용이 나온다. 경주마는 달려야 할 목표가 정해지면 그 즉시 달리고 보지만, 야생마는… (이하생략)

내가 블로그에 쓴 글의 일부다. 이 글의 앞쪽 문장들은 '나 이런 책 읽었소' 하는 자랑이다. 다시 말해 필러 워드다. 과감히 정리해보자.

하버드 경영대학원 최고의 교수라 불리는 하워드 스티븐슨이 쓴 책에서 경주마와 야생마의 차이를 읽은 적 있다. 경주마는 달려야 할 목표가 정해지면 그 즉시 달리고 보지만, 야생마는… (이하생략)

단어 몇 개, 문장 한 줄뿐 아니라 하나의 문단, 글 한 편도 반드시 있어야 할 이유가 없다면 군더더기일 뿐이다. 즉 없애야 하는 몬스터다. 이럴 때는 문단 전체를 과감히 덜어내라. 글을 다 쓰고 나서도, 이 글이 꼭 필요한지, 독자가 읽어야 하는 글인지 확신이 서지 않는다면 글 자체가 몬스터이므로, 쓰던 파일을 폐기하는 게 맞다.

개소리를 걸러내는 힘

"좋은 작가가 필수적으로 갖춰야 하는 재능은 타고난 개소리 탐지 기능이
다. 이것은 작가가 보유한 레이더로, 위대한 작가라면 누구에게나 있다."

이렇게 말한 사람은 대문호 헤밍웨이다. 개소리bullshit를 개소리라
대놓고 말하다니, 역시 거장이다. 글이 일하게 하려면 '개소리'를 걸러
내야 한다. 제목에 혹해 읽은 책《우리가 혹하는 이유》에는 개소리 탐
지 노하우가 담겼다. 저자인 존 페트로첼리John, Petrocelli에 따르면 비판
적 사고에 능숙한 사람들은 개소리에 노출되었다고 의심되거나, 자신
의 신념과 행동이 개소리에 근거할 가능성이 있을 때, 다음 질문들로
개소리 여부를 셀프 점검한다.

1. 나는 주장을 이해하고 평가할 수 있도록 정보를 충분히 얻고 검토했
   는가?
2. 증거를 평가하기 전에 주장을 객관적으로 살폈는가?
3. 모든 가정이 합리적인지 또는 잘못되었는지 판단하도록 증거들을 공
   정하게 평가했는가?
4. 그들이 제공한 결론이 논리적이고 타당한지 검토했는가?
5. '어떻게?'라고 물으면 적절한 답을 할 수 있는가?

맥킨지앤드컴퍼니에서 세계적인 기업들을 컨설팅한 바버라 민토

Barbara Minto는 자신이 쓴 글을 읽을 때 '왜why?' '정말true?' '그래서so what?' 이 세 가지를 늘 의식하라고 조언한다. 그래야 '말이 되는 글'을 쓸 수 있다는 설명이다. 몬스터 없는, 군더더기 없이 잘 읽히는 글을 만들려면 독자에게 하려는 말이 무엇인가에 초점을 맞춰 살펴라. 그러면 버릴 게 분명해진다. 분량을 정해놓고 써라. 그러면 핵심 위주로 쓰게 되어 저절로 간결해진다. 부사와 형용사는 수치로 대신하라. 그러면 메시지에 신뢰가 간다. 글을 다 쓴 다음에는 다음 사항을 점검해보자. 개소리의 위험을 피할 수 있다.

- **읽고 싶게 썼는가**(글이 의도한 일을 하는가)?
  - 주장하는 바가 분명한가?
  - 주장에 대한 이유가 합리적인가?
  - 이유를 뒷받침하는 근거들이 타당한가?
  - 요청하는 것이 명확한가?

- **읽기 쉽겠는가**(글이 빨리 잘 읽히는가)?
  - 한눈에 스캐닝되는가?
  - 문장은 간결한가?
  - 문장은 명확한가?
  - 몬스터는 제거했는가?

평범한 '일잘러'에서
대체 불가능한 인재로 승급하기

세계적인 컨설팅 기업 맥킨지앤드컴퍼니에 따르면 지식 노동자들은 평균 업무 시간의 약 20퍼센트를 내부 정보를 찾는 데 소비한다. 이러니 기업마다 생산성 향상을 위해 효율적인 지식 관리가 급선무일 수밖에 없다. 머리로 일하는 사람들이 일하며 체득한 지식은 개개인의 머릿속에 그대로 남아있어, 이를 형태를 지닌 지식으로 만들어 공유하지 않으면 없는 것이나 다름없다. 존재하지 않는 정보를 찾느라 시간과 에너지를 들인다면 그런 자원 낭비가 또 없다.

'대체 불가능한 인재'는 직장인들의 꿈이지만, 정작 조직에서 필요로 하는 인재는 자신이 거둔 성과를 동료들과 공유하는 사람이다. 자신이 업무가 어느 날 다른 사람으로 대체되더라도 지장이 없도록 만드는 사람이다. 아마존에서는 동료들에게 같은 질문을 두 번 이상 받으면 사내 인트라넷에 질문과 답변을 콘텐츠로 올려 공유한다. 이런 식으로 개인의 지식을 조직 전체가 공유한다. 아마존 웹서비스는 아마존

닷컴의 클라우드 컴퓨팅 사업부다. 여기서는 직원들이 어떤 일을 하다 나름의 노하우를 발견하면 그것을 지식으로 정리하고 공유하는 프로세스를 가동한다. 이 사업부에서는 지식 공유를 직원 평가 지표 중의 하나로 우선시한다. 미국의 블로그 서비스 워드프레스를 제공하는 오토매틱Automattic 사는 사내 블로그로 회사 전체 구성원 업무 진행 과정을 공유한다. 업무 결과와 함께 논의할 내용을 올려놓으면 댓글로 대화하고 이 장면을 직원 누구든지 볼 수 있다. 직간접적으로 지식을 공유, 지속 가능한 조직을 만드는 것이다.

개인도 기업도 지식기술이 지적 생존 좌우

하버드 대학교에서 교육학을 가르쳤던 데이비드 퍼킨스David Perkins 는 지식사회에서는 하나의 생각이나 개념을 여러 가지 방법으로 표현할 줄 아는 기술이 필수라고 조언한다. 퍼킨스 교수는 알고 경험하고 느낀 것을 지식화해 공유하는 능력을 '지식기술'이라 정의한다. 또 지식이 존재하는 것은 그 지식으로 뭔가를 하기 위함이고 이러한 목적을 달성하려면 '지식기술'을 갖춰야 한다고 강조한다. 일머리 좋은 사람은 그가 말한 '지식기술'을 구사해 자신이 거둔 성과를 지식으로 만들어 공유함으로써 자신과 조직의 지적 체력을 끌어올린다. 이런 이유로, 그의 자리는 대체할 수 있더라도, 그가 가진 기술은 대체 불가능한 것이 된다.

우리가 좋아하는 대중적인 전문가들은 분야를 불문하고 메타 문해력이 높다. 그러니 전문적인 지식을 구축하고 그것을 활용해 가치를 창출하는 데 능하다. 조병용 한양대 교수는 문해력을 '전문 분야의 소양을 기르는 데 필요한 기초 능력'이라는 의미로도 이해한다.

> "전문가가 된다는 건 그 분야에서 정말 잘 읽고 잘 쓰는 사람이 된다는 뜻이다. 어떤 분야의 앎을 구성하고 지식을 갖게 되는 과정을 통해 전문가가 되는 것이다."

읽고 생각하고 쓰는 힘에 분별하는 힘까지 더한 메타 문해력의 절정은 지식을 공유하는 능력이자 기술이다. 나는 기업이 마련한 글쓰기 교육을 할 때마다 수강생에게 일하면서 알게 된 지식이나 정보, 생산성을 높이고 성과를 향상한 자신만의 노하우를 SNS에 공유하라고 권한다. 지식을 공유함으로써 회사에 존재감을 어필하고 개인적으로는 지식기술을 쌓을 수 있기 때문이라고 그 이유를 말해준다. 또 탁월한 일머리를 성과로 증명한 이들을 만나면 그 노하우를 지식으로 만들어 책이라는 그릇에 담아보라고 권한다. 남다른 일머리로 남다르게 경험하고 축적한 전문 지식을 누군가에게 알려줄 수 있을 만큼 정리된 지식으로 변환해 공유하는 능력은 메타 문해력의 절정이다.

메타문해력으로
인공지능 시대를 대비하는 법

"현재 우리가 마주한 커다란 도전 과제는 세계적인 규모로 새로운 상상 속의 질서를 만들되 국민국가나 자본주의 시장에 기초하지 않는 것이다."

이 문장은 세계적인 베스트셀러 《사피엔스》 10주년 특별판 서문의 일부다. 이 문장은 저자 유발 하라리가 아니라 인공지능 'GPT-3'이 쓴 것이다. 유발 하라리는 인공지능이 쓴 글을 읽고 놀라움을 금치 못했고, 이 서문을 약간의 수정을 거쳐 개정판에 수록했다. 영어 기반의 'GPT-3'을 한국어로 학습시킨 글쓰기 프로그램 코지피티KoGPT. 이 프로그램에 김훈의 소설 《하얼빈》의 첫 세 문장을 입력했더니 이어지는 문장이 척척 만들어지는데 꼭 작가가 쓴 듯한 문장이다.

인공지능 카피라이터 퍼사도는 '인지적 콘텐츠 플랫폼 알고리즘'을 토대로 유서 깊은 광고대행사를 제치기 시작했다. 금융기업 JP모건JP Morgan 등 글로벌 기업들을 하나하나 클라이언트로 확보한다. 인터넷

뉴스 기사 중 일부는 이미 인공지능 기자의 몫이다. 이렇듯 소설에서 논픽션, 언론 기사에 광고까지 글이 필요할 때 인공지능의 필력이 미치지 않는 분야가 없다. 챗GPT를 시작으로 속속 등장하는 생성형 인공지능이 일터에서 가장 많은 시간과 에너지를 요하는 각종 문서를 척척 써내고 있다. 생성형 인공지능은 글쓰기에 특화된 능력을 보인다고 한다. 그러니 결과와 성과, 예측을 담은 보고서야말로 데이터로 학습하는 인공지능 '차장'과 '대리'가 훨씬 잘 쓸 것이다. 빠르고 정확하게 실수 없이 말이다. 문득 이런 생각이 들지 않는가?

'이제 글쓰기 실력을 쌓느라 에너지와 시간과 돈을 쓸 필요가 없지 않을 까? 인공지능이 다 써줄 텐데?'

인공지능이 좋아하는 글쓰기는 평균일 뿐

미국의 공교육 혁신을 주도하는 휴렛 재단은Hewlett Foundation 학생들의 비판적 사고와 효율적 의사소통 능력을 길러주는 것이 인공지능 시대 공교육이 나아갈 방향이라고 여긴다. 그러려면 객관식 시험을 높은 수준의 사고와 글쓰기 능력이 요구되는 주관식 시험으로 바꿔야 한다고 판단한다. 문제는 글쓰기 능력을 평가하는 시험이 채점하는 데 비용과 시간을 엄청나게 들여야 한다는 것이었다. 고민하던 휴렛 재단은 학생들이 쓴 에세이를 교사만큼 또는 교사보다 더 잘 평가하는 소프트웨어를 만드는 경진대회를 개최한다. 성과는 좋았다. 학생의 에세이 점수를 교사가 직접 하는 것 이상으로 정확하게 매길 수 있는 알고리즘을 갖춘 소프트웨어를 개발했다. 그런데 뜻밖의 문제가 발견되었다.

평균을 넘어선 신선하고 새롭고 획기적인 내용을 담은 에세이는 글쓰기 인공지능 채점관이 인식조차 못 한다는 것이었다. 결국 주최 측은 인공지능이 에세이를 평가하면 평균만 인식되어 평균에 걸맞은 에세이만 걸러질 수밖에 없다는 의견을 냈다. 여기에는 인공지능에 의해 높게 평가된 에세이는 평균적인 사고와 표현으로 쓰인 것인데도 우수하다고 인식될 수 있다는 우려도 포함된다. 눈치 빠른 학생들은 인공지능이 우수하다고 평가한 에세이를 분석해 '그 방식대로' 쓰기를 연습할 가능성도 다분하다. 결과적으로 인공지능이 에세이를 평가하는 시스템은 뻔한 글쓰기로 뻔한 생각만 하게 만드는 셈이 되고 만다.

이는 앞서 소개한 일본의 인공지능이 도쿄대 입시에 실패한 원인과도 일맥상통한다. 인공지능의 도쿄대 입시 실험을 진행한 아라이 교수는 인공지능 시대에도 인간이 성공하는 영역은 따로 있다고 확신한다. 그가 말하는, 인간에게 우위를 안기는 영역은 로봇이나 기계가 재현할 수 없는 비판적 사고, 창의성, 의사소통이다. 이 말은 인공지능은 엄청난 정보를 순식간에 읽고 분석하고 결론을 내리는 데는 탁월하지만, 사람처럼 행간을 읽고 지금까지 없던 것을 생각하고 그것으로 누군가를 설득하지는 못한다는 뜻이다.

'이제 글쓰기 실력을 쌓느라 에너지와 시간과 돈을 쓸 필요가 없지 않을까?'라는 질문으로 다시 돌아가자. 인공지능이 거의 모든 글을 다

써줄 텐데도 글쓰기 능력을 개발해야 하는 이유는 바로 이런 메타 문해력을 갖추기 위함이다.

인공지능 시대에 더 빛나는 창의적 글쓰기

인공지능기술은 매우 빠른 속도로 대중화되어 일하는 현장과 일상 전반에 투입될 것이다. 이 경우 우리에게 주어지는 선택지는 두 가지다. 시키는 일을 알고리즘에 따라 빠르고 정확하게 수행하는 인공지능으로 대체되거나, 인공지능과 협업하며 지적 활동의 생산성을 높이고 의도한 성과를 내는 것이다. 후자를 선택하려면 의도한 성과를 내는 데 필요한 기획력을 갖춰야 한다. 그리고 여기에 필요한 능력이 메타 문해력이다.

그런데 글쓰기를 인공지능에 맡긴다는 것은 생각하는 것을 인공지능에 맡긴다는 것이다. 자기 머리로 생각하고 자기 언어로 표현할 줄 모르는 사람은 비판적 사고와 창의적 문제해결도 불가능하다. 앞서 소개한 실험들이 증명한 것처럼, '평균적인' 글, 즉 평균적인 해결책과 틀에 박힌 사고 외에는 나오지 않기 때문이다. 그러니 오히려 인공지능 시대에 사람이 하는 글쓰기는 어떤 것으로도 대체할 수 없는 참신하고 창의적인 사고를 가능하게 해주는 더 귀중한 능력이 될 것이다.

● 일하는 글쓰기 법칙

1. 4C로 써라: 분명하고call to action 간결하며concisely 명확하고 clearly 정확하게completely.

2. 데이터는 거들뿐, 이야기로 설득하라.

3. 하나의 주장을 다루고, 2W1H(무엇을what 왜why 어떻게how)를 갖춰 내용을 구성하며, 3분 안에 읽히게끔 간결하게 써라.

4. 경제적으로 써라: 형용사 대신 숫자(데이터), 추상적 데이터보다는 상상 가능한 표현.

5. 1분 안에 설득되도록, 핵심 먼저 써라.

6. 완전한 문장으로 써라. 토씨 하나 생략해도 의미가 달라진다.

● 잘 쓰는 비결

1. 헤밍웨이도 자신의 초고는 쓰레기라고 했다. 잘 쓴 글이 되기까지 계속 고쳐 써라.

3. 아무리 맘에 들어도 필요 없는 글은 과감히 삭제하라

Metaliteracy

part 5

읽고 생각하고 쓰는 힘

실전 메타 문해력 키우기

직장인의 실력은 말과 글을 통해 다른 사람과 소통하는 능력에 따라 평가받는다.

피터 드러커Peter Drucker

수백 년간 이어온 글쓰기 훈련법: 따라 쓰기

여섯 살 때 편도염을 앓았던 아이는 집에 있는 시간이 많았다. 무료한 시간을 때우느라 만화책을 따라 썼다. 한 마디, 한 마디 그대로 쓰다가도 가끔 만화에 자신이 쓴 문장을 추가해 고쳤다. 이렇게 글쓰기를 배운 아이는 커서 세계적인 베스트셀러 작가가 되었다. 그가 쓴 책이 모두 3억 5,000만 부나 팔렸다. 그는 스티븐 킹이다.

영화 〈블랙폰〉의 원작자인 조 힐Joe Hill. 글을 쓰다 막히면 명작을 따라 쓰며 패턴을 분석하고 그것을 자신의 방식으로 만들어갔다.

> "나는 2주 동안 엘모어 레너드Elmore Leonard의 《빅 바운스》를 옮겨 썼다. 한 문장, 한 문장 옮겨 적으면서 글의 리듬을 받아들이고 대화 처리 방식, 단 몇 줄로 인물의 성격을 암시하는 기법 등을 음미했다. 그렇게 하고 나니 스릴러를 쓰는 데 필요한 리듬과 감을 되찾을 수 있었다. 그의 목소리를 분석해 결과적으로 내 목소리로 돌아가는 길을 찾았다."

조 힐은 아버지에게 따라 쓰는 법을 배웠다. 그의 아버지는 스티븐 킹이다. 킹 부자가 글쓰기를 배운 따라 쓰기는 다른 사람이 쓴 글을 그대로 옮겨 쓰며 배우는 글쓰기 연습법의 하나다. 잘 쓴 글을 주의 깊게 읽으며 자신의 것으로 만드는 방법이다.

이 방법의 원조는 미국인이 사랑하는 위인 벤저민 프랭클린Benjamin Franklin이다. 가난해서 학교 근처에도 가지 못한 그는 따라 쓰기로 독학했는데, 이 방식은 그 이후 이름난 크리에이터들이 예외 없이 창작을 배우는 비결이기도 하다.

법률가도 따라 쓰기로 기본기 구축

판결문은 어떤 경우에도 오독誤讀이 용납되지 않는, 명확하고 정확한 글이다. 여기에 법률 전문용어까지 섞어 써야 하니 신예 법조인에게는 언감생심이다.

오하이오 주립대학교 법학대학원의 몬테 스미스Monte Smith 학장은 법학 전공 1학년생 수백 명을 가르치는 과정에서 학생들이 이러한 법률적 글쓰기에 취약할 수밖에 없음을 목격한다.[43] 고민 끝에 그는 학부 과정을 시작하는 학생들에게 현재 활동 중인 변호사들이 쓴 법률 보고서를 참고하도록 제안한다. 그런 식으로 법률문서 구조를 여러 번 접한 후 자신의 보고서를 작성하게 한다. 따라 쓰기 방식의 변형이다. 워싱턴 법학대학원에서는 워런 버핏 흉내 내기를 제안한다. 투자와 관련된 전문적 내용을 쉽고 간결하게 쓰는 워런 버핏처럼 쉽고 간결한 법조문을 쓰라는 것이다.

랜덤하우스에서 퓰리처상 수상 작가들을 비롯해 미국 문단을 대표하는 작가들의 글을 수십 년간 다듬어온 벤저민 드레이어도 같은 방법을 권한다. 글을 잘 쓰려면 "잘 썼다고 생각하는 글을 가져다가 한 글자씩 따라 써보라"는 것이다. 따라 쓰기는 글을 잘 쓸 수 있는 쉽고 훌륭한 방법으로 잘 쓴 글의 리듬감, 단어 선택, 표기법 등 놀라운 것들을 배우게 될 것이라고 조언한다.

나는 중학교 2학년 때 따라 쓰기를 하며 글에 눈뜬 이후 지금껏 이 방법을 애용한다. 대학 시절에는 내가 쓰고 싶은 시와 소설을, 카피라이터 시절에는 다양한 광고 카피를 따라 썼다. 방송국에서 일할 때는 진행자 발언을 대본으로 바꾸고, 시나리오를 배울 때는 영화 보면서 시나리오를 따라 써서 작법을 배웠다. 기자 시절에는 신문의 칼럼을 따라 썼고, 그 내용을 내 글로 바꿔쓰는 연습을 집중적으로 했다. 대기업에 들어가서는 숱한 보고서를 따라 쓰며 아이디어를 떠올리는 법과 보고서에 담을 내용을 구성하는 법 등을 배웠다. 내 글쓰기 선생님은 잘 쓴 글인 셈이다.

메타 문해력을 키우는 최고의 연습법

읽는 힘, 생각하는 힘, 쓰는 힘을 키우면 메타 문해력은 저절로 키워진다. 이를 위해서는 기본적인 규칙을 배워야 한다. 하지만 글쓰기가 수학처럼 정해진 공식에 딱 맞아떨어지는 것이 아니기 때문에 규칙을 잘 알고 있다고 해서 해결되지 않는다. 이 힘을 키우는 좋은 방법의 하나는 사례를 통해 배우는 것이다. 사례란 잘 쓴 글을 말한다. 잘 쓴 글은 읽고 생각하고 쓰는 힘이 발휘된 결과물이다.

잘 쓴 글을 손으로 쓰면서 읽다 보면 자연히 주의 깊게 읽게 된다. 눈으로 읽기만 해서는 알아차리기 힘든 것들을 발견하고 알아차릴 수 있다. 글쓴이의 입장에서 어떤 단어를 조립해 어떤 의미를 전달하고자 하는지, 문장을 구성하기 위해 어떤 형식을 사용했는지, 의도한 대로 의미를 전달하기 위해 어떤 단어를 선택하고 어떤 순서로 배열했는지, 문장부호를 사용하는 기술 등 수학 공식 배우듯이 배워서는 흉내 내기 어려운 항목들을 자연히 익히게 된다.

따라 쓰기 효과

잘 쓴 글은 잘 생각한 결과물이다. 잘 쓴 글을 따라 쓰면 그 사람이 생각한 패턴을 알게 될 수도 있다. 그 글을 쓰기 위해 논리를 어떤 식으로 전개했는지, 주장을 증명하기 위해 어떤 자료를 수집해 어떻게 활용했는지도 배운다. 잘 쓴 글을 수없이 따라 쓰며 아이디어 접근 방식, 논리를 구성하는 방법, 표현력, 설득력을 배울 수 있다.

따라 쓰면 잘 쓴 글을 구별하는 안목을 키울 수 있다. 그 안목으로 내 글을 잘 쓰게 된다. 글에 대한 안목이 있어야 내가 쓴 글을 읽으며 무엇을 썼고 무엇을 쓰지 않았는지 파악할 수 있다. 그런 다음에야 감각이 길러진다. 그러면 써야 할 것이 보이고 쓰지 말아야 할 것을 구분하는 눈도 갖게 된다. 내가 쓴 글을 대상화해 관찰하는 능력은 글을 잘 쓰기 위한 기본기로, 따라 쓰기 연습으로만 가능하다.

따라 쓰기 방법

• 1단계: 주의 깊게 읽는다

기계적으로 하는 따라 쓰기는 베끼기다. 베끼면 타이핑 실력은 늘지 몰라도 읽는 힘, 생각하는 힘, 쓰는 힘을 기르는 데 전혀 효과 없다. 주의 깊게 읽는 효과를 내려면 우선 글 전체를 소리 내서 읽으며 내용을 파악한다. 그런 다음 의미 단위별로 외워서 그대로 옮겨 쓴다. '글쓴이는 왜 이 표현을 했을까, 왜 이 데이터로 주장을 증명했을까, 제목을 왜 이렇게 달았을까, 나라면 이렇게 쓸 것 같다'는 식의 다양한 생각을 하게 되는데 이런 생각이 따라 쓰기 효과를 크게 높여 준다.

• 2단계: 단계적으로 읽는다

따라 쓰면서 정독했는데도 글 내용이 기억나지 않는다는 경우가 의외로 흔하다. 그저 읽고 쓰기만 했을 뿐, 생각이 포함되지 않았기 때문이다. 글을 읽고 나서 전체적인 흐름을 이해해야 한다. 전체적인 흐름은 문단마다 핵심 문장과 뒷받침 문장을 살펴 어떤 내용을 다루는 지 검토하는 작업으로 파악할 수 있다. 이 모든 작업에는 생각이 포함된다. 그리고 이 과정에서 핵심 단어와 문장에 별도의 표시를 하면 내용에 관한 이해가 높아져 따라 쓰기가 쉬워진다.

• 3단계: 멘토 텍스트가 중요하다

따라 쓰기는 타이핑 연습이 아니다. 그러므로 잘 쓴 글, 따라 쓰기로 배울 만한 글을 고르는 것이 가장 중요하다. 이런 글을 멘토 텍스트라고 부른다. 멘토 텍스트는 하나의 주장을 논리정연하게 전개하고 이를 네다섯 개의 문단으로 체계적으로 구성한 글을 말한다.

이런 조건을 충족하는 멘토 텍스트 가운데 접하기 쉬운 대표적인 것이 일간지에 실린 칼럼이다. 신문의 칼럼은 각 신문사에서 글을 잘 쓰는 경력 기자 출신의 논설위원이 쓰는 대중적인 글이라 멘토 텍스트로 제격이다. 칼럼으로 하나의 주제를 한정된 분량으로 소화하는 기술을 배울 수 있으며, 시사적인 주제를 대중적으로 다루는 방법도 배우고 정보 수집에도 도움을 받을 수 있다.

그 밖에도 교과서에 실린 칼럼, 회사에서 전설로 회자되는 문서, 실력 좋기로 소문난 국책기관이나 컨설팅기업, 민간 경영연구소의 보고서도 멘토 텍스트로 삼기에 그만이다.

멘토 텍스트를 고른 뒤에는 소리 내 읽은 뒤에 의미·단위별로 외워 옮겨쓴다. 옮겨쓴 내용과 원문을 대조해 틀린 부분은 바로 잡는 순서로 따라 써보자.

1줄로 시작해 1편으로 완성하는 공식: 1441 연습법

잘 쓴 글을 따라 쓰면 글쓴이가 생각하는 방식대로 읽고 쓰기를 따라하게 된다. 이렇게 의도적으로 연습하면 잘 쓴 글을 걸러내는 안목이 길러진다. 이 안목에 기대어 실제로 내 머리로 생각하고 내 언어로 쓰는 힘을 기르는 연습에 들어간다. 매일 한 편의 에세이 쓰기로 쓰는 힘을 기를 수 있다.

여기서 소개하는 방법은 오레오 공식을 활용해 에세이 쓰기를 연습하는 것이다. 한 줄의 핵심 주장문을 만들고 오레오 공식을 활용해 네 줄의 메시지를 만든다. 나아가 네 개의 문단으로 만들어 한 편의 글을 완성하는 것이다. 이 1441 연습법은 뇌 속에 논리적으로 생각하는 논리회로를 구축하는 연습이자 논리정연하게 설득하는 에세이 쓰는 힘까지 길러준다.

- **1단계: 한 줄 핵심 주장 만들기**

일머리 좋은 사람들이 사용하는 도구 '만일 ~하려면 ~하라, 왜냐하면' 문장식을 활용해 핵심이 되는 주장을 정리한다. 핵심 주장은 독자에게 무엇을 어떻게 하라는 요구가 분명하게 전달되어야 한다. 일하는 글은 핵심 주장 한마디가 전부다. 이 한 줄이 간결하고 명확하게 만들어지면 그 뒤의 에세이 쓰기는 미끄럼틀 내려가기처럼 수월하다.

만일 X 하려면 Y 하라, 왜냐하면 Z 하기 때문이다.

가령 이런 한 줄 핵심 주장문이 나올 수 있다.

인공지능과 자동화에 밀리지 않으려면 메타 문해력을 키워라.

- **2단계: 4줄 쓸거리 만들기**

1단계에서 쓴 한 줄 문장식을 오레오 공식을 사용해 네 줄의 메시지로 만든다.

O: 인공지능과 자동화에 밀리지 않으려면 메타 문해력을 키워라.

R: 왜냐하면 읽고 생각하고 쓰는 능력의 총합인 메타 문해력은 인공지능이 절대 흉내 낼 수 없는 인간지능의 핵심이기 때문이다.

E: 인공지능 수험생을 도쿄대에 진학시키려던 시도는 다섯 번 도전 끝에

실패로 끝났다. 인공지능은 문장을 읽을 수는 있지만, 행간의 의미를 이해하고 추론할 줄 모르기 때문이다.

O: 메타 문해력을 키우려면 각각 읽는 힘, 생각하는 힘, 쓰는 힘부터 길러야 한다.

• 3단계: 4줄을 각각 문단으로 만들기

2단계에서 쓴 한 줄을 핵심 문장으로 삼아 뒷받침 내용으로 구성해 각 메시지를 문단으로 구성한다. 한 문단에는 하나의 주제만 다룬다.

• 4단계: 한 편의 에세이로 완성하기

문단을 연결해 한 편의 에세이로 완성한다. 에세이는 3분 이내로 읽을 수 있도록 1,500자 이내로 분량을 제한해 쓴다. 이렇게 완성한 에세이는 용도에 맞게 보고서로도 SNS 콘텐츠로도 이메일로도 재생산할 수 있다.

매일 한 편의 에세이를 써내는 연습을 하면 글쓰기가 필요한 순간에 부담 없이, 불편 없이 글을 쓰게 된다. 매일 한 편의 에세이 쓰기로 글쓰기가 몸에 붙으면 글쓰기가 필요한 순간, 글의 용도에 따라 내용을 구상하는 데만 집중할 수 있다.

세상에
못 쓴 글은 없다

'글을 잘 쓰는 사람과 글을 잘 쓰고 싶은 사람의 차이'에 관해 하버드 대학교와 카네기 멜런 대학교가 함께 연구했더니 다음과 같은 차이를 발견했다.

글을 잘 쓰는 사람은 고쳐 쓴다.

글을 잘 쓰는 이들은 글쓰기에 투입한 전체 시간의 70퍼센트를 고쳐 쓰기에 할애한다. 처음 쓴 원고의 내용을 전반적으로 점검하고 재구성하면서 거의 절반이 넘는 내용을 다시 쓴다. 세상 어떤 엉터리 글도 고쳐 쓰는 과정을 몇 번 거치면 잘 쓴 글로 바뀐다. 나 역시 고쳐 쓰는 단계에 가장 많은 시간과 에너지를 들인다. 고쳐 쓰면 쓸수록 문장이 쉬워지고 의미가 분명해지고 읽기가 편해진다. 그래서 나는 글쓰기 수업을 할 때 이 말을 입이 닳도록 한다.

"세상에 못 쓴 글은 없다. 고쳐 쓰지 않은 글은 있어도."

문제는 글을 쓸 줄 모르면 고쳐 쓸 줄도 모른다는 것이다.

예시를 선택하고, 문장을 어디에 배치할지 선택하고, 어떤 문장으로 생
각을 표현할지 선택한다. 선택한 것 중에서 최후로 버릴 것과 남길 것을
또 선택해 간다.

철학자 발터 벤야민Walter Benjamin이 말하는 글쓰기 기술의 핵심이
다. 고쳐 쓰기에서도 이러한 판단과 선택이 전부나 다름없다. 어떤 예
시를 넣을까, 뺄까? 이 문장을 어디에 배치해야 하나? 이 내용은 버려
야 하나, 가져가야 하나? 이런 선택의 기술을 발휘하려면 글에 대한
상당한 안목이 있어야 한다. 안목이 생기기 전까지는 피드백을 받으며
고쳐 쓰기 연습을 반복해야 한다. 피드백을 받으면서 비로소 고쳐 쓸
줄 아는 눈이 생기고 스스로 고쳐 쓸 줄 알게 된다. 그제야 어떤 글도
잘 쓰게 된다. 글쓰는 직업을 가진 사람들은 피드백을 동반한 글쓰기
연습기를 거친다. 또 자신이 쓴 글을 객관적으로 검토해 완성도를 높
이는 데 기여하는 전문 편집자와 일한다.

무엇이든 1만 시간만 하면 잘하게 된다는 1만 시간의 법칙은《아웃
라이어》라는 책에서 말콤 글래드웰Malcolm Gladwell이 강조한 것이다. 뭐
든 그저 하기만 하면 된다니, 많은 사람이 묻지도 따지지도 않고 그냥
하고 본다. 이런 사태를 보다 못한 '1만 시간의 법칙' 창안자 안데르스

에릭슨Anders Ericsson이 무턱대고 1만 시간 한다고 되는 것은 없다며 오해를 바로잡았다. 그러자 오보의 주인공인 말콤 글래드웰도 나섰다.

> "내가 골프를 2만 시간 친다고 해도 절대 타이거 우즈Tiger Woods가 될 수 없다. 첼로를 20년 켠다고 해도 요요마Yo-Yo-Ma처럼 연주할 수는 없다. 내가 말하고자 한 바는, 그 어떤 재능이든 완전하게 발달하고 표현되기 위해서는 엄청난 양의 연습이 필요하다는 것이다."

에릭슨은 어떤 것을 잘하려면 신중하게 연습해야 가능하다고 강조한다. 신중하게 하는 연습이란 첫째, 의도한 결과가 나오도록 실행하고focus 둘째, 실행한 것을 피드백 받아 점검하고feedback 셋째, 점검받은 대로 바로잡는fix it 세 단계 과정이라고 알려준다. 에릭슨이 말하는 신중한 연습 '3F'를 메타 문해력의 결정판인 글쓰기에 적용하면 다음과 같다.

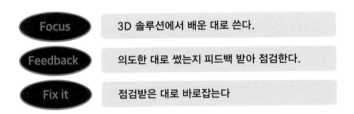

3F 과정을 되풀이하며 연습하는 동안 주의 깊게 읽고, 사려 깊게 생각하며, 배려 깊게 쓰는 힘이 길러진다. 그러는 사이 메타 문해력이 여러분의 뇌에 장착된다.

● 문해력 뛰어난 사람 = 일머리 뛰어난 사람

문제 발생

↓

입력: 문제해결에 필요한 자료를 수집해 읽고 분석한다

처리: 자료를 바탕으로 두뇌를 활용해, 즉 생각해서
문제해결의 돌파구를 찾는다

출력: 도출한 해결책을 문서로 만들어 공유하고 문
제를 해소한다.

문
해
력

↓

문제해결

변화에 가속도가 붙는 미래
문해력이 우리의 무기다

누군가가 할 수 있는 가장 좋은 일은

그에게 글 쓰는 법을 가르치는 일이다.

왜냐하면 사람들 앞에서 '논리적으로 정리된 주장'을 토대로

어떤 계획을 제시할 수준이 된다면 사람들은 여러분을

인정할 것이고 돈도 주고 기회도 줄 것이다.

이 모든 것의 근본에 글쓰기가 있다.

조던 피터슨 Jordan Peterson

● 대니얼 웹스터Daniel Webster는 미국 국방장관을 지낸 정치인으로, 사전 편집자이기도 하다. 미국의 대표적 사전인 웹스터 사전은 그의 이름을 따왔다. 그는 자신의 소유물 중에 단 한 가지만을 남기고 모두 잃게 된다면 그 한 가지로 말하는 능력을 선택하겠다고 했다. 그 이유는 "말하는 능력만 있으면 잃었던 모든 것을 되찾을 수 있기 때문"이라고 덧붙였다. 한편 1930년 P&G의 CEO가 된 리처드 듀프리Richard Deupree도 다음과 같은 말을 남겼다.

> "누가 우리의 돈, 건물, 브랜드는 남겨놓고 직원들을 데리고 떠난다면 이 회사는 망할 것이다. 하지만 모든 것을 가지고 가더라도 직원들을 남겨둔다면 우리는 10년 내에 모든 것을 재건할 수 있다."

이 글의 핵심은 결국 자신의 가장 큰 자산이 돈이나 부동산 같은 것이 아니라, '일머리'라는 소프트웨어라는 데 있다. 그래서 이 책을 다 읽은 이 시점에서 웹스터의 '한 가지'나 듀프리의 '직원'을 하나의 단어로 정리할 수 있다. 바로 메타 문해력이다. 문해력만 있으면 지금 가진 모든 것을 잃더라도 다시 시작할 수 있다.

메타 문해력은 세상을 받아들이고(읽고) 처리하고(생각하고) 생산하는(쓰고) 가장 기본적인 방식이기 때문이다. 더구나 이 시대의 우리는 지식사회의 한가운데를 지나고 있다.

'10년이면 강산도 변한다'는 말은 이제 정말 옛말이 되었다. 4차 산업혁명 시대는 자고 일어나면 변해서 매일매일 적응해서 살아가야 하는 미래가 기다리고 있다고 한다. 기업은 디지털 적응을 비롯해 변하는 미래에 적응하는 것을 생존 과제로 삼을 정도다.

하지만 우리는 크게 걱정할 필요가 없다. 새로운 시대의 변화 역시 접하고, 읽고, 생각하고, 쓰고, 말하면서 배우고, 극복하고, 적응할 수 있다. 누군가가 시대의 흐름을 따라가지 못하고 뒤처질 때도 여러분과 나는 갈수록 더 잘나갈 것이 분명하다. 우리는 일머리 좋은 상위 1퍼센트의 비밀병기, 메타 문해력을 장착했기 때문이다.

1) OECD는 2012년 '성인 경쟁력에 대한 국제조사'를 실시했고, 2016년 이 조사 결과를 분석한 보고서를 발간했다.

2) 미국 경제학자 하버트 사이먼의 말이다.

3) 《대학에 가는 AI vs 교과서를 못 읽는 아이들》 아라이 노리코, 해냄, 2018

4) IBM 일본 블로그에 2020년 10월20일 업로드된 아라이 노리코 교수 인터뷰에서 읽은 내용이다.
https://www.ibm.com/blogs/think/jp-ja/mugendai-12122-interview-rst-reading-skills-test/

5) 《공부의 알고리즘》 호시 도모히로, 알에이치코리아, 2022

6) 미국 매사추세츠주 터프츠 대학교의 엘리엇-피어슨 아동발달학과 교수이자 심리학자인 매리언 울프가 쓴 《책 읽는 뇌》《다시 책으로》는 읽는 힘이 부실해지면 우리의 삶이 얼마나 치명적이 되는가 하는 내용을 심도 있게 다룬다. 이 책에서 언급되는 매리언 울프의 말은 모두 위의 두 책에 등장한다.

7) 미국 소셜미디어 서비스 레딧Reddit에 실린 내용을 소개한 티타임즈 콘텐츠로 읽었다.

8) 《하버드 비즈니스 독서법: 세계 최고 엘리트들은 어떻게 책을 읽을까 》하토야마 레히토, 가나출판사, 2018

9) 《직업으로서의 소설가》 무라카미 하루키, 현대문학, 2016

10) 《8초 인류》 리사 이오띠, 미래의창, 2022

11) 티타임즈 2020년 7월 업로드된 콘텐츠 〈책도 밑그림을 가지로 읽어야 한다〉

12) 《독서의 기술》 모티머 J. 애들러, 범우사, 2010년

13) 《눈 감으면 보이는 것들》 신순규, 판미동, 2015

14) 《지능의 함정》 데이비드 롭슨,김영사, 2020

15) 2022년 12월에 일어난 실제 상황.

16) 《8초 인류》 리사 이오띠, 미래의창, 2022

17) 미국 〈포브스〉에 실린 기사를 번역해 실은 〈이코노미스트〉 기사(2017년 1월 24일)

18) 《크리에이티브 클래스》 오치아이 요이치, 민음사, 2018년

19) 《스프린트》 제이크 냅, 존 제라츠키, 브레이든 코위츠, 김영사, 2016

20) 《비즈니스의 무기가 되는 디자인》 오쿠야마 기요유키, 성신미디어, 2021

21) 《스탠퍼드 인문학 공부》 랜달 스트로스, 지식노마드, 2018

22) 《11가지 질문도구의 비판적 사고력 연습》 M. 닐 브라운, 스튜어트 M. 킬리, 돈키호테, 2016

23) 〈하버드 비즈니스 리뷰〉 2016년 1월 13일 업로드

24) 워크시트 파일을 다운로드 사용하세요. www.돈이되는글쓰기.com에서 안내합니다.

25) 하버드 경영대학원 실무보고서, 제14-093호, 2014년 3월

26) https://hbr.org/2011/05/the-power-of-small-wins

27) 《이토록 멋진 휴식》 존 피치, 맥스 프렌젤, 현대지성, 2021

28) 《최고의 리더는 글을 쓴다》 홍선표, 시크릿하우스, 2021

29) 《최고의 리더는 글을 쓴다》 홍선표, 시크릿하우스, 2021

30) 〈조선일보〉 2017.06.05. 업로드

31) 조던 피터슨 홈페이지(Petersonhttps://jordanbpeterson.com)에 글쓰기 가이드를 수록한 파일이 있다(2018년 2월 업로드).

32) 《5000일 후의 세계》 케빈 켈리, 오노 가즈모토, 한국경제신문, 2022

33) 〈하버드 비즈니스 리뷰〉 2017년

34) 〈월스트리트 저널〉 인터넷판 2012년 7월 5일에 업로드된 조지프 워커 칼럼 중에서.

35) 2023년 1월 2일 자 〈동아일보〉 기사를 재구성한 내용이다.

36) 외식주문 애플리케이션 '배달의 민족'을 서비스하는 기업 우아한 사람들 경영원칙 중에서

37) 《아이디어 불패의 법칙》 알베르토 사보이아, 인플루엔셜, 2020

38) 《퓰리처상 문장 수업》 잭 하트, 김영사, 2022

39) 《아마존의 팀장 수업》 김태강, 더퀘스트, 2021

40) 한글로 계산하면 70자=35자

41) 《넘버스 스틱!》 칩 히스, 칼라 스타, 웅진지식하우스, 2022

42) 《말하기의 기본은 90프로가 심리학이다》 나이토 요시히토, 예문, 2022

43) 《익스텐드 마인드》 애니 머피 폴, 알에이치코리아, 2022

참고한 책

《150년 하버드 글쓰기 비법》 송숙희, 유노북스, 2018
《부자의 독서법》 송숙희, 토트, 2022
《돈이 되는 글쓰기의 모든 것》 송숙희, 책밥, 2019
《글쓰기 쉽게 하기》송숙희, 메타쉐커 2023

일머리 문해력

초판 1쇄 발행 2023년 2월 28일
초판 10쇄 발행 2024년 11월 15일

지은이 송숙희
펴낸이 안병현 김상훈
본부장 이승은 총괄 박동욱 편집장 임세미
책임편집 김혜영 디자인 용석재
마케팅 신대섭 배태욱 김수연 김하은 제작 조화연
펴낸곳 주식회사 교보문고
등록 제406-2008-000090호(2008년 12월 5일)
주소 경기도 파주시 문발로 249
연락처 대표전화 1544-1900 주문 02-3156-3665 팩스 0502)987-5725
ISBN 979-11-5909-842-0(03190)
책값은 표지에 있습니다.